宋美齢秘録

「ドラゴン・レディ」蔣介石夫人の栄光と挫折

譚 璐美
Tan Romi

小学館新書

プロローグ　切り刻まれたチャイナドレス

「あなたは、マダム・ジャン・カイセックをご存じですか？」

突然、上品な紳士に英語で聞かれて、私は戸惑った。

英語で「ジャン・カイセック」とは漢字に直せば「蔣介石《しょうかいせき》」。中華民国の総統で、戦後は台湾を長く統治してきた軍人政治家だ。

「マダム・ジャン・カイセックって、台湾の蔣介石総統の夫人の宋美齢《そうびれい》のことですか？」

「ええ、そうです」

二〇〇二年、米国コネチカット州にある娘の通っていた高校の授業参観日でのことだ。

昼時になり、学校からビュッフェスタイルの昼食が供され、私がハンバーガーとマカロニチーズ、コールスローサラダを紙皿に取り分けて食堂の大テーブルで頬張っていると、白人の夫婦が会釈をして隣に座った。

「お子さんは何年生ですか」「クラブ活動は何をしていますか」などと、当たり障りのない会話を交わした後に、紳士がやや改まった口調で切り出してきたのだ。

あまりに場違いな質問だったが、アジア人の私をみつけて聞いてきたのだろうと思い、軽く受け流すことにした。

「中国の有名な方ですから、名前は存じていますが……」

すると紳士は、「実は我が家の隣人でしてね!」と、思いもよらない言葉をつづけた。

「では、あなたはロングアイランドに住んでいるのですか!?」

「はい、そうです」

ニューヨーク州ロングアイランドといえば、豪邸が多く立ち並ぶことで知られる高級住宅地区で、この白人夫妻も相当な金持ちに違いなかった。私は思わず身を乗り出して尋ねた。

「宋美齢にお会いになったことはありますか？」

今度は横で聞いていた夫人が目を輝かせて告げた。

「ええ、ありますとも！　散歩をしている時など出会うと、丁寧に会釈《えしゃく》してくれました。お出かけになる時には綺麗にお化粧して、いつも大勢のお供を連れて何台も車を連ねて行かれましたわ」


まだ宋美齢が生きていた頃の話である。蔣介石の死後、宋美齢が台湾から米国のニューヨーク州ロングアイランドに移り住んでいたことは知っていた。だが、宋美齢はほとんど公の場に現れず、メディアのインタビューにも応じないことから、実生活は謎に包まれていた。確か彼女は高齢になり、マンハッタンのコンドミニアムに引っ越したはずだが……。

「ええ、邸宅が売りに出された時には、狭い道に黒塗りの車がずらりと並んで大変な騒ぎでした。大勢のバイヤーが見学に来ていました」と、紳士が口を挟んだ。そして、

「実は、我が家のメイドがマダムの家のメイドと仲良しでしてね……」

と、いたずらそうな表情を浮かべた。

「引っ越しする前に、マダムは数百着もあるチャイナドレスをすべてハサミで切り刻み、捨てて行ったのだそうですよ！」

私は耳を疑った。

中国女性にとって、チャイナドレスはとても大切なものである。特に「チャイナドレスの貴婦人」として知られた宋美齢ならば、どれほど高価なドレスを所有していたのか想像もつかない。かつて政治の表舞台で身に着けた最高級のドレスには、きっと多くの思い出が詰まっていたはずだ。それを切り刻んで捨ててしまうとは、いったい何を考えていたのだろう。不要になったのなら、親しい友人や身の回りの世話をしてくれるメイドさんにあげてもよさそうなものだが……。彼女は度が過ぎたケチなのか。それとも他人に譲ってオークションにでも出されることを嫌がったのか。いったいどんな心境だったのだろう。

宋美齢の内心を思って、私は深く考え込んだ。

二十世紀前半に、米国で「ドラゴン・レディ」と呼ばれた有名な中国人女性が二人いる。

一人は、蔣介石夫人だった宋美齢。もう一人は、清朝《しんちょう》時代の女帝の西太后《せいたいこう》だ。

「ドラゴン・レディ」とは、米国のスラングで、パワフルで狡猾《こうかつ》、短気で傲慢《ごうまん》で、神秘的なアジア人の女傑を表す言葉である。一説によれば、一九三四年、ミルトン・カニフが書いたアクション・アドベンチャー・コミックの『テリー&ザ・パイレーツ』に登場する悪役の女海賊を指す言葉だったが、そのイメージから、一九三〇年代に宋美齢に対して使われるようになり、さらに時代を遡《さかのぼ》って清朝時代の西太后の代名詞にもなったとされる。

宋美齢は、蔣介石・国民政府総統のファーストレディとして、英語が話せない蔣介石のために外交交渉での通訳を務め、日中戦争のさなかに米国から多額の軍事支援を引き出すことに貢献した。そして、日本との直接対決に及び腰だった米国を日米開戦へ向かわせようと、その背中を強く押したのだった。

なぜ彼女にそんなことができたのか。彼女の絶大な影響力の源泉はどこにあったのか。また、そんな宋美齢の存在を、当時の日本はどのように受け止めていたのだろうか。

考えれば考えるほど、次々に疑問が湧いてきた。

宋美齢は富豪でクリスチャンの両親の下、上海で生まれた。父の教育方針で、兄弟姉妹六人全員が米国で学校教育を受けたが、なかでも三人の姉妹——長女の宋靄齢《そうあいれい》は財閥の孔《こう》祥熙《しょうき》と結婚し、次女の宋慶齢《そうけいれい》は革命家の孫文《そんぶん》と結婚し、三女の宋美齢は軍人の蔣介石と結婚したことで有名になり、歴史に名を残した。

中国では、宋家の三姉妹を評して、こんなふうに揶揄《やゆ》する。

靄齢愛銭、慶齢愛国、美齢愛権——

（長女の靄齢は金銭を愛し、次女の慶齢は国家を愛し、三女の美齢は権力を愛した）

また、長兄の宋子文《そうしぶん》は、中華民国政府の外交部長（外相）や財政部長（財相）を歴任し、長女・宋靄齢の夫の孔祥熙も財政部長だった。つまり、宋一族は二十世紀前半の中国で栄華を極めただけでなく、国家の命運をも大きく動かしたのである。

宋一族に関する本は、これまでにも多く出版されている。台湾大学婦女研究室が行った集計によれば、中国語で刊行された著作だけで百五十冊以上、研究論文も軽く五十種類を超えている。だが、その多くは、中国近代史や政治史の分析が中心になっている。

今、私が宋美齢について改めて捉えなおしたいと思うのは、中国近代史における評価ではない。米国から見た彼女の存在の大きさや、日本に与えた影響についてである。

当時の日本にとって宋美齢の存在はどう映っていたのか。日中戦争が激化する中、米国が重要な貿易相手国だった日本を捨てて、親中政策へと百八十度舵《かじ》を切った時、日本はどう動いたのか。さらには、こうした過去の積み重ねが、今日の日中関係や日米関係にどうつながっているのかについても、考えてみたかった。

本書は、宋美齢の栄光と挫折、失意と追憶の日々を追った、百五年の生涯の物語である。

宋美齢秘録　目次

中華民国「蔣介石・宋美齢関連」地図

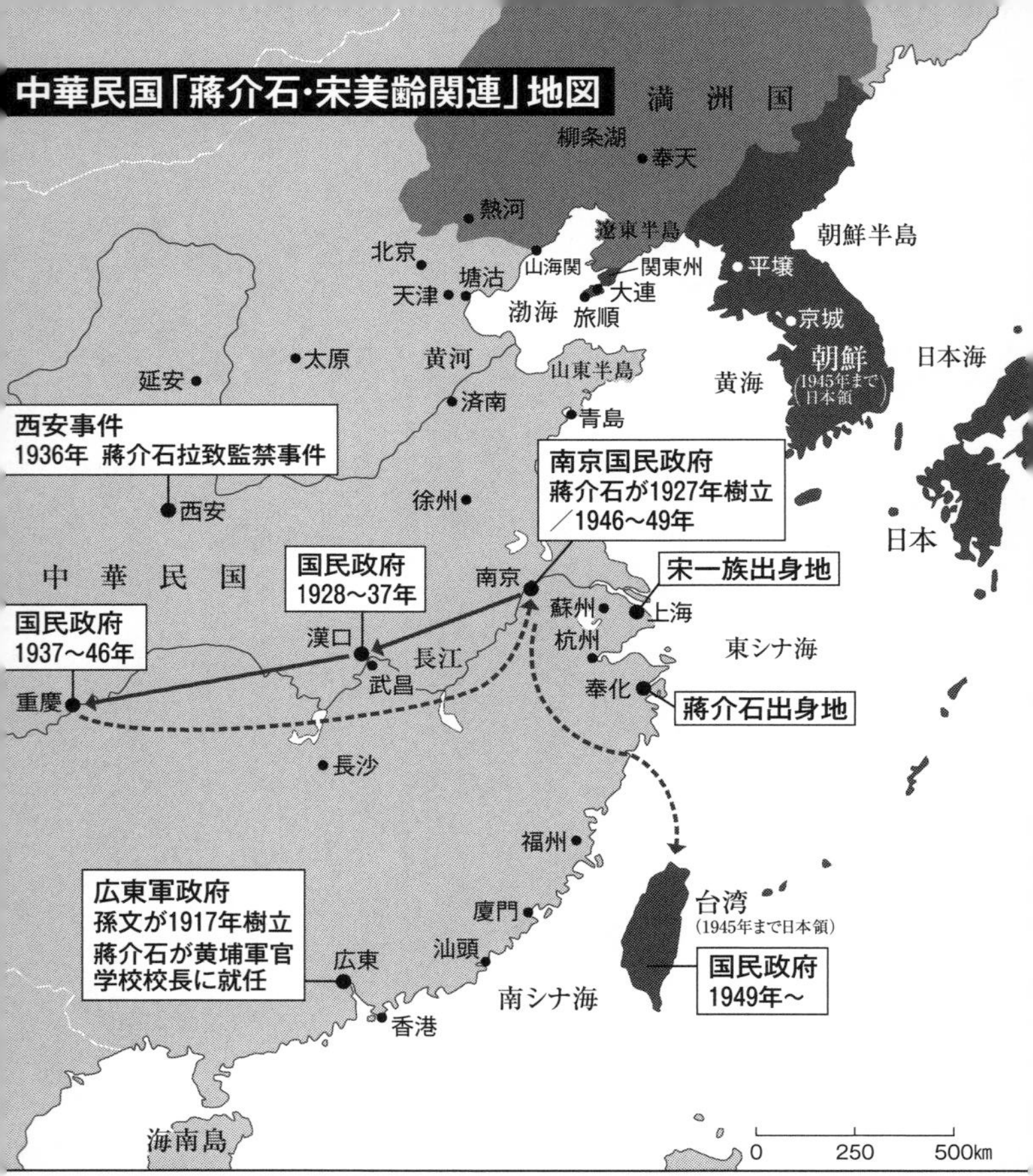

米国「宋美齢関連」地図

宋一族の家族写真。美齢は後列右端。その前に母・倪桂珍と父・耀如が並んで座っている

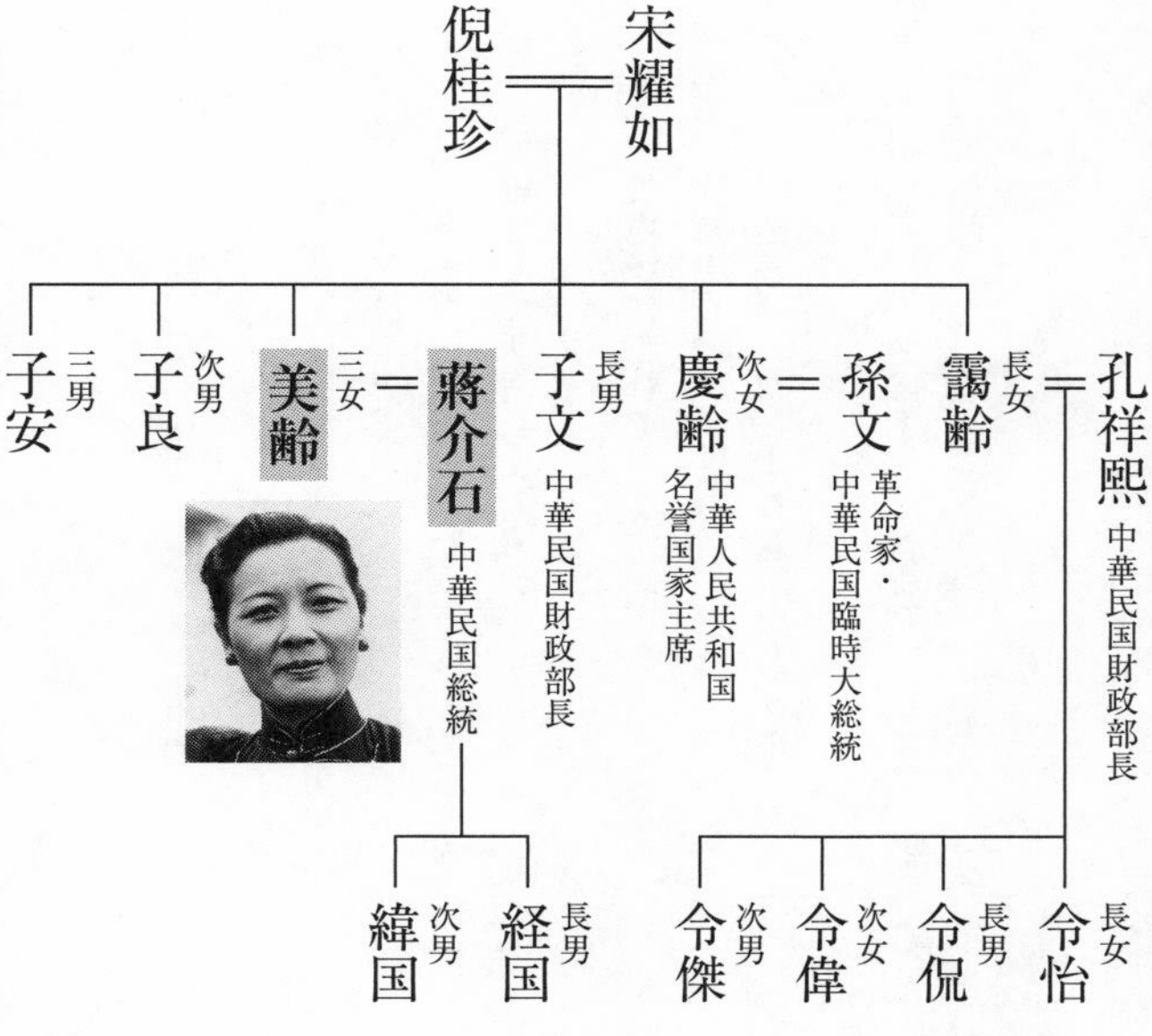

Photo:GRANGER.COM/Aflo

宋一族 家系図

本文中では基本的に敬称を略しています。

本書に掲載した引用文や史料は、読みやすさを考慮して、旧漢字・旧かな遣いは現行のものに、カタカナ文をひらがな文に、また一部の漢字をひらがなに改めました。難読字にはルビを振り、句読点についても、一部加除しています。また、明らかな誤字・脱字・誤植は訂正しています。引用者による注釈は［ ］で表し、原著にある（ ）や「 」と区別できるようにしました。本文中で引用している海外の文献のうち、翻訳者名が明記されていないものは、原則として筆者によるものです。

さらに、引用文中には一部、差別的な表記・表現が含まれていますが、発表された当時の社会状況や歴史的背景を踏まえた上で、文章を正確かつ客観的に伝えることを意図して、改変せずにそのまま残しました。差別を容認・助長する意図はありません。

本書に掲載した写真の中には、著作権者や撮影者が不明のものが含まれています。お心当たりのある方は、大変お手数ですが、編集部までご連絡ください。

本書は書き下ろしです。

第一章

日中開戦直後の対米放送

対日戦争を望んでいなかった米国

一九三七（昭和十二）年七月七日、盧溝橋《ろこうきょう》事件が起きた。北京郊外の盧溝橋で夜間演習中の日本軍が二度の銃撃音を聞き、翌日国民党軍と交戦したが、共産軍の妨害工作だったと判断して、すぐに停戦した。

だが、北京と天津で戦闘が発生。七月二十九日に日本人居留民が殺害された「通州事件」が起き、日本軍は北平・天津地区を急襲し制圧した。次いで八月九日、上海でも、日本海軍特別陸戦隊の大山勇夫海軍中尉が殺害された「大山事件」が起きた。

近衛文麿《このえふみまろ》内閣は、「もはや隠忍《いんにん》その限度に達し、支那《シナ》軍の暴虐を膺懲《ようちょう》し、南京政府の反省を促す」との声明を発表して、上海へ軍隊を派遣した。

これに対して、蔣介石率いる国民政府は「全国総動員令」を発令し、中国共産党も「抗日救国十大綱領」を発表して、日本と全面対決する姿勢を示した。

日本政府は、従来の「不拡大方針」を撤回して一気に決着をつけようと戦時体制に入り、八月二十日に漢口を爆撃。二十三日には上海で激しい戦闘になった（「第二次上海事変」）。

劣勢を強いられた国民政府軍は内陸へ分散し、それを追いかける日本軍と各地で戦闘を繰り返して、日中両国は全面戦争へと突き進んでいく。

さらに三年半後の一九四一年、日本は米英を相手とする太平洋戦争に突入する。

なぜ、日本は経済力・軍事力で遥かに勝る米国に対して、無謀な戦争を挑んだのか――。

実は、それに先立つ一九三七年の盧溝橋事件の段階では、米国は決して日本との戦争を望んではいなかった。

米国のニューヨークタイムズ紙（一九三七年八月三十日付）によれば、

〈北京での戦闘の責任については見解が分かれるかもしれないが、上海での戦闘に関する限り事実は一つしかない。日本軍は戦闘拡大を望まず、事態悪化を防ぐためにできる限りすべてのことをした。中国軍によって衝突へと無理矢理追い込まれてしまった〉

と報道している。

また、ニューヨーク・ヘラルドトリビューン紙（一九三七年九月十六日付）も、上海特派員の特電として、〈中国軍が上海地域で戦闘を無理強いしてきたのは疑う余地はない〉

として、むしろ日本に同情的に報じている。

当時、米国政府は日本が米国最大の貿易相手国であったことから、日本との摩擦はできるだけ回避したいと考えていた。米国国民も、遠く太平洋で隔てられたアジアの国々で起きている戦争には、あまり関心を持っていなかった。

それがなぜ、急転直下、中国に対して同情し支援する気になったのか。なぜ、米国政府は日本との良好な貿易関係を捨てて、対中支援へと政策を転換したのか。

その重要なカギを握るのが、宋美齢が米国へ向けて放った「歴史的なメッセージ」であった。

現代で言えば、ちょうどウクライナのゼレンスキー大統領が世界各国に訴えたように、宋美齢は米国へ向けて訴えた。それを聞いた米国の人々は彼女に大いに共感し、中国に同情して支援しようという機運が米国社会で高まり、米国政府も自国民の期待に応えるべく、対中支援に乗り出したのである。

宋美齢の発した「歴史的メッセージ」とは、果たしてどのようなものだったのか。

全世界に放送された宋美齢演説

一九三七年九月十一日夜、宋美齢は南京から英語で対米放送を行った。

NBCの短波ラジオで放送された演説は、欧州を中心に全世界へ向けて発信され、米国内ではCBSの放送ネットワークを通じて全米に中継された。さらに翌日、演説の全文が新聞各紙に掲載され、NBC放送を聞き逃した人々に文字として届けられた。

南部訛《なま》りの流暢《りゅうちょう》な英語を話す宋美齢の演説は、次のような言葉から始まっている。

アメリカのみなさんに、本日、語りかけることは、私には辛いことであります。なぜなれば、私の心のなかには、ある者は殺され、ある者は傷つけられ、多くのアメリカ人やその他の居住者を苦しめた、上海およびその附近に起きた悲劇的なできごとの苦しいおもい出が、まだ、なまなましく生きているからであります。

(『わが愛する中華民国』蔣宋美齢著、長沼弘毅訳、時事通信社、一九七〇年、以下同)

宋美齢はまず、日本の攻撃による被害を受けた米国人と外国人居住者に対して哀悼の意を表し、日本の非道を強く非難した。

私どもの政府は、これ等の惨事のくり返しをとどめるべく、全力を尽くしたのですが、日本が、こともあろうに、国際的解決を旗印にして、上海に戦争を持ち込んで来てしまったのです。しかも、日本は、近年、大いなる希望と成功をもって行なわれつつあった再建計画が完成する前に中華民国を破壊しようと、戦いを挑んできたのです。統一された中華民国からは、秩序のある中華民国が生まれつつあったのです。日本は、中華民国が統一されることを欲せず、従って、各地でそれを破壊しようとしているのです。彼等が、中華民国人のみならず、外国人の生命や財産の安全を全然軽視していることは、上海に見られる通りであります。

「なぜ世界は黙認しているのか」

宋美齢は、二国間の対立だけでなく、全米、全世界の聴衆を意識して語りかける。

Super Stock/Aflo

全米に向けて流暢な英語で語りかける宋美齢
（写真は1943年訪米時のもの）

このところ数年間、日本は、中華民国を絶滅させても、中華民国を征服することを計画して来たのです。他の国が、日本の行動をやめさせる様子もないのは、はなはだふしぎなことであります。［中略］「これは戦争ではない。事変にすぎない！」八月二十八日に、「日本の宰相近衛［文麿］公爵が、陛下に克服し、その戦意を喪失せしめる」つもりであると公言したにもかかわらず、世界は現在ひろがりつつある災禍の実態に目覚めなかったようです。

これは、大国がサインした中華民国を

日本の侵略から護るために締結された九カ国条約に違反するものであります。彼等は、戦争を防止するためにケロッグ平和条約［アメリカの政治家ケロッグとフランスの政治家ブリアンとで起草した不戦条約。一九二九年七月二十四日、六十三カ国により正式に批准された］にサインし、さらに、不当な損害を弱い国家に与える攻撃的国家を直ちに阻止するよう二重の保障を行なうべく国際連盟を結成したのです。ところが、いかにもおかしなことには、これ等のすべての条約はいままでの歴史上、未曽有《みぞう》の状態で、泥中に砕砕《こなごな》にされてしまったのです。

一読して分かるように、宋美齢は日本が国際条約に違反しているにもかかわらず、なぜ世界は黙認しているのかと問いかけ、聞く者に考えさせた。そして、満州事変、上海事変を経て、日本の横暴が学校や文化的な施設にまで及んでいることを強調する。

これが、現在日本が中華民国において行なっていることなのです。しかし無辜《むこ》の民衆まで残虐に殺してしまうというようなことを、この二十世紀に復活させることを許しているのは、現実に文化国家なのであります。彼等は、一九三一年日本が満州を掌握することを許してしまいました。それがはじめであります。一九三二年、日本がまだ閘北《こうほく》［上海市北部の地区］で睡眠している民衆を爆撃したとき［第一次上海事変］、世界の国々はこれを許し、いままたそれが、中華民国全土ではじまっているのを許しております。

その結果、日本は、いまや学校や文化機関を自由に爆撃しています。南開大学、女子師範学校、天津の北洋工学院は、いずれも掃蕩《そうとう》されて、あとかたもなくなってしまいました。爆撃されなかったものも、後に焼かれてしまいました。

米国人の心を揺さぶる悲痛な叫び

さらに、米国が投資して作ったミッション系の病院や学校などの文化施設や機関が大損害を受け、キリスト教会の慈善活動にも支障が出ていることを強調して、米国人の慈悲深い心がないがしろにされているのだと、聴衆の心情に強く訴えかけた。

彼等はまた、上海バプティスト大学として知られている上海大学をも攻撃いたしました。それから、呉淞《ごしょう》の同済大学を破壊し、南京の中央大学、南昌のボールドウィン女子大学をも破壊しました。これに加えて、通州のアメリカ・ミッション病院、真如の中国赤十字病院、各地の赤十字救急病院を計画的に爆撃しました。彼等は、イギリス大使を空中から射撃し、あるいは爆撃しようともしました。ところが、厚かましくも日本の外務省は、さようなことは全然事実無根であるといっているのです。［中略］

中華民国の進歩について、多大な貢献をしてくれたアメリカの機関でさえ破壊されずとも、手痛く不具にされる危険が多分にあります。［中略］私は、アメリカの、そしてヨーロッパの女性と子供の安全を、もっとも心配しております。私ども、中華民国人は、各国の宣教師が、私どもの民衆に与えた奉仕の価値を大きく評価しておりますす。それ故にこそ、私が、短期間に、彼等が、引き揚げることに協力しなければならなくなったことを心から残念におもっております。

次いで、畳みかけるように類似した表現を重ねて、米国人の心を揺さぶり、最後は悲痛な叫びで締めくくった。

中華民国各地において行なわれる爆撃、上海の安全な場所に投錨《とうびょう》している軍艦からの艦砲射撃、機関銃、ライフルによる射撃による大量殺人をごらんください。また、住宅や商店が、残虐な火焔《かえん》によって取り払われ、また、爆破されて泥土と化するのを、みていただきたいものです。また、血まみれの死人の山積している数マイル四方の破壊の山をごらんになってください。中華民国人や外国人が叫びをあげ、恐怖に心を打ち砕かれ、命からがら逃げてゆく姿をみてください――なん千なん万という中華民国人の母と子供が、家もなく、食糧もなく、すべてのものを失い、彼等の背後で、彼等の家が、爆破されて飛散し、焼かれているのをそのままにして、上海の恐怖から懸命に逃げようとしている光景をみていただきたいのです。彼等に襲いかかった恐ろしい悲劇をみてごらんなさい。［中略］

みなさんは、この放送の声とともに、砲声を聞くことができると存じます（もちろん実際には聞こえなくても、私はみなさんの心のなかで響いていることを望みます）。

これは血まみれの叫びであり、傷ついた大衆の苦痛なのであります。みなさん方の視野からは、放浪し、恐怖し、お人よしの、そして家のない、大軍の苦しみと飢餓とが隠されております。また、母親の涙と、家を焼かれる煙と火焰も隠されております。

では、みなさま、さようなら。


宋美齢の英語演説はまことに説得力がある。平易で巧みな話術と豊かな表現力、明快な論理展開が聞く者の心に強く響き、その場の惨状が映像として眼前に浮かんでくる。

なぜ、彼女はこれほど素晴らしい演説ができたのか。アメリカの学校教育を受けて、英語が堪能《たんのう》だからだろうか。いや、いくら英語に堪能だからといって、だれでも名演説ができるわけではない。

実は、宋美齢には米国華僑《かきょう》のスピーチライターがいたことが知られている。米国の風俗習慣に精通し、広範な知識と情報を持つ女性で、宋美齢が英語で書いた演説原稿を添削し、演説する際に助言したとされる。また、英語の速記もでき、宋美齢が外国の高官と英語で会見する際には傍《かたわ》らで筆記者に徹して、会見が終わるのと同時に、もう会見録ができていたという話もある。

米国では現在でも、大統領や著名人はスピーチライターを起用して、講演内容ばかりか、服装や髪型、表情や動作までアドバイスを受け、また、メディアの辛辣《しんらつ》な質問に動揺しないように、心理カウンセラーから日々訓練を受けているという。それが米国の常識だとすれば、宋美齢に英語演説のためのスピーチライターがいても、不思議ではない。無論、宋美齢自身が生来カリスマ性を備えていたことも確かだろう。

今も確認できる音声記録と新聞報道

NBCの短波ラジオで放送されたこの演説の音声記録は、現在でも米国に保管されている。「PAST DAILY : NEWS, HISTORY, MUSIC AND AN ENORMOUS SOUND ARCHIVE.(過去の日々：ニュース、歴史、音楽と大量の音声記録)」という公開資料の中にあり、「1937年9月11日－マダム　ジャャン　カイ・セックと対日戦争」というタイトルがついている。

実際に放送された宋美齢の演説を聞いてみると、所要時間は十五分間だ。最初に男性アナウンサーが宋美齢について簡単に紹介した後、宋美齢が演説を始めた。低めの声で、少し緊張したような固い口調でゆっくり話し、ときおり男性アナウンサーの合いの手が入っている。

戦前の短波放送なので、技術的な問題から一～二秒ごとに頻繁に雑音が入り、言葉をかき消して実に聞き取りにくい。それでも、手元にある文字資料と突き合わせながら耳をそばだて、ときおり明瞭に聞き取れる言葉を頼りに追っていくと、ようやく全内容が理解できた。その内容は『わが愛する中華民国』でも確認できるが、実際に宋美齢の肉声を通じて訴えを聞くと、いっそう臨場感が増してくる。

新聞報道のほうは、米国の新聞ジョプリン・グローブ紙（一九三七年九月十一日付）がみつかった。前日の九月十日付でNBC短波放送の予告文が掲載され、十一日の記事には「世界は中国を救済することが望まれる」という見出しがついている。

ジョプリン・グローブ紙は、ミズーリ州ジョプリン市に拠点を置く日刊紙で、ホームページによると一八九六年の創業。現在も発行されていて、二〇二二年時点での発行部数は約一万部である。

掲載された記事には、「ニューヨーク発　UP」とあるから、米国のUP通信（現UPI通信）からの配信を転載したものだろう。地方紙は一般的に、地元で独自取材を行って記事を書くほかに、通信社から毎日配信される世界情勢や国際的事件、事故の情報をそのまま転載することが多い。そのため通信社が配信する情報は、多数の地方紙に同時に同文で掲載されることになる。

UP通信は全盛期には全米五千社の地方紙と契約していたとされるので、NBC短波放送が宋美齢の演説を放送するという予告文や演説内容も、おそらく全米各地の多数の地方紙に掲載されたはずである。

かくして、米国国民は耳と目で「マダム・ジャン・カイセック」の悲痛な訴えを知ることになったのである。

日本の内閣情報部の極秘分析

日本では、宋美齢の演説をどう受け止めたのだろうか。

ここに、興味深い資料がある。宋美齢演説の翌月、戦前の内閣情報部が「極秘」とした記録資料――「宋美齢の対米放送――調乙二三号　昭和十二年十月二十五日」の中に、次のような解説が付けられている。

支那事変に関する国際放送は我が国からも再三行われたが、未だ曽《かつ》て斯《か》くの如き待遇を受けたことはない。これは支那が「弱者」であり、しかも放送者が蔣介石夫人であり、また米国の大学で教育を受け英語を巧みにするという点で、放送資格百パーセントともいうべき「役者」であったでもあろう。

それのみでなく、翌朝のニューヨークタイムズ紙は全二欄を費やしてNBCの録音による右放送のテキストを掲載した。これもまた新聞としては非常な異例で放送の内容が新聞記事になるのは大統領の演説か、さもなくば非常に特異な場合のみである。然るに、タイムズ紙はこれに対して精神的支援を与え、その結果としてこの放送内容に絶大な信用を付与したのみでなく、この放送を聴き洩らした人々に対しても好個の読み物を提供し、放送の目的を二重に達せしめた。

その意味でこの放送は、現在においておよそ放送のもたらし得る最大の効果を挙げ得たものといい得るであろう。それだけに日本に与えた損害は大きく、これを一転機として米国の対日感情が悪化し、それが政府に反映して来たところへ、南京の爆撃によって更に拍車を加え、形勢がついに一転したと見るべきであろう。

（『情報局関係極秘資料』荻野富士夫編、不二出版、二〇〇三年九月）

文中にある「南京の爆撃」とは、日本陸軍が南京を陥落《かんらく》させた翌日、日本海軍陸戦隊の航空部隊が誤爆して、南京湾沖に停泊していた米国の軍艦が沈没した事件を指している。これについては後でご紹介しよう。

とにかく、日本政府の分析では、宋美齢が「弱者」中国のファーストレディであり、米国育ちの流暢な英語の使い手だというインパクトの強さとカリスマ性によって、「放送資格百パーセントともいうべき『役者』」と評価されている。また、彼女の演説が破格の扱いを受け、「およそ放送のもたらし得る最大の効果を挙げ得た」「日本に与えた損害は大きく」と分析し、米国ばかりか世界の人々に大きな影響を与えたとみていた。

そして宋美齢の放送がきっかけで、米国国民の対日感情が悪化し、それまで日本に友好的だった米国政府もついに対中支援へと大きく政策を転換したことにより、日本は一転して形勢不利になったと捉えたのである。

潮目は変わった――。

宋美齢の対米放送は、日本の中国侵略を黙認してきた欧米諸国に、一石を投じた。それまで、欧米諸国は日本を「遅れて来た帝国主義者」とみなし、かつての自分たちが「帝国主義者」と呼ばれてきたのと同じように、中国を侵略することを正当化しないまでも、見て見ぬふりをしてきたのである。なぜそうだったのかを知るためには、欧米諸国の動きを俯瞰《ふかん》する必要がある。

日本を断罪した歴史的メッセージ

第一次世界大戦が終息して後、ヨーロッパではどの国も疲弊しきり、経済が低迷して、戦争に嫌気がさしていた。宋美齢が演説で触れたように、一九二七年に米国の提案で「パリ不戦条約」（ケロッグ＝ブリアン条約）が交わされた（一九二九年発効）。これは今後は戦争をやめて、国際貿易をしようという条約である。締約国は六十三カ国に達した。

条約には、「いかなる国も独立国家になる権利を有し、平等な立場から、自由に国際貿易を行うべき」だとする新たな規定が盛り込まれた。そして世界に新秩序を構築するために国際連盟が生まれ、従来の価値観から大きく転換する第一歩を踏み出したのである。

中国に対しても、欧米諸国はかつて自分たちにかぶせられた「帝国主義者」という汚名を返上するために、近代的な国際法の下で、中国を独立国家とみなして対等な貿易相手国として扱うべきだという意識が、少なくとも建前上では芽生え始めていた。

だが、日本は国際法などには無頓着で、相変わらず「遅れて来た帝国主義者」を演じて、中国を侵略し続けている。そんな「悪者」日本を、国際社会は断罪すべきだと主張したのが、宋美齢だった。欧米諸国は同調して重い腰を上げ、やがて日本を国際社会から追放しようと動き出すのである。

つまり、宋美齢の演説は、二十世紀半ばの歴史に大きな分岐点をもたらしたという意味で「歴史的なメッセージ」だったのである。

しかし、事はそれだけでは済まない。「虫の目」で米国国内の様子を観察すると、疑問点が次々に浮かび上がってくる。

米国のマスメディアは、なぜ宋美齢の演説にあれほど熱狂し、大々的に報じたのか。マスメディアが狂奔し、世論が盛り上がった背景には、なにか作為があったのだろうか。もし作為があったとすれば、それを主導したのはだれか。また、米国の国家政策が「親日」から「親中」へと転換された背景には、どのような内情があったのか。米国社会を動かし、時代の潮流を決定づけた要因は何か……。

米国に豊富に保管されている各種資料を根気強く探っていくと、これまで見えてこなかった新たな真実が次第に浮かび上がってきた。それらをご紹介する前に、まずは「歴史的メッセージ」を発した宋美齢の生い立ちから見ていこう。

第二章
宋一族「家族の肖像」

敬虔なクリスチャンの両親の下で

宋美齢は、清朝末期の一八九八年三月十四日、上海の裕福な家庭に生まれた。父の宋耀如《そうようじょ》は敬虔《けいけん》なキリスト教徒で、クリスチャン名はチャールズ・ジョン・スーン。通称「チャーリー宋」と呼ばれ、上海で聖書の印刷業を営み、財を成した人だった。母の倪桂珍《げいけいちん》（倪桂貞とも）も熱心なクリスチャンで、六人の子供を産んで甲斐甲斐しく世話を焼いた。

六人の子供は、長女の宋靄齢、次女の宋慶齢、長男の宋子文、三女の宋美齢に続いて、次男の宋子良《そうしりょう》、三男の宋子安《そうしあん》の三男三女で、いずれも洗礼を受けてクリスチャンになった。父は、子供たちを上海にあるミッションスクールに入学させて英語を学ばせ、将来はみな米国の大学へ留学させようと考えていた。

中国・北京で刊行された『宋美齢画伝』に掲載されている宋美齢の少女時代の写真を見ると、レースを贅沢に使った白いドレスを着て、黒いタイツと黒い革靴を履いている。フランス仕立ての最新流行のもののようだ。

顔立ちはややふっくらとして、カールがかかった前髪が額にかかり、頭頂部でゆるく三つ編みにまとめ、大きな白いリボンで結んでいる。強い眼差しと丸い鼻、きりりと真一文字に結んだ口元は、一癖ありそうな表情をしている。手にはキャンディの箱を持ち、いかにも上海の上流階級のお嬢様といった風情だ（『宋美齢画伝』、師永剛、林博文編著、作家出版社、二〇〇三年）。

同書によれば、三女として生まれた美齢はいたずらっ子で、九歳年上の姉の靄齢が大好きな甘えん坊だった。一日中まとわりついて離れず、姉の真似ばかりして、何でも言うことをきいていたという。

宋美齢の少女時代の写真
（撮影年未詳）

二人の姉――靄齢と慶齢

一八八九年生まれの長女の靄齢は、おませで勝気なところがあり、おしゃれに関心があった。なんでも自分で決めたがる性分で、五歳になったとき、どうしても学校へ行くと言ってきかず、父は上海市内のミッションスクールのマクティア女学校へ見学に連れて行った。学齢にはまだ満たなかったが、すんなり入学が決まり、寄宿生活を送ることになった。

入学当日、靄齢は父と一緒に自動車に乗り込んだ。花柄のブラウスに緑色のズボンを身に着け、三つ編みにした髪にリボンを結んでいた。ズボンの右のポケットにはミルク飴をいくつか、左のポケットには箱入りのチョコレートを忍ばせていた。すべて自分で考えて用意したものだった。もう一台の車には、いくつかのトランクと衣裳ケースが積まれ、中には靄齢の洋服や帽子、バッグ、靴、本などが入っていた（『宋美齢伝』林家有、李吉奎著、中華書局、二〇一八年）。

同書によれば、後年、宋靄齢はその日のことを回想して、こう語っている。

Bridgeman Images/Aflo

宋家の三姉妹。左から長女・靄齢、次女・慶齢、三女・美齢（撮影年未詳）

父が私を校長先生の書斎に残して部屋を出ていき、大きなドアが音を立てて閉まった途端、私は声を上げて泣きました。

いくら独立心旺盛だと言っても、まだ五歳である。親元を離れて寄宿生活を送るのはやはり心細く、強く印象に残ったのだろう。学校では、はっきりものを言う性格からクラスのリーダーになり、毎日洋服やリボンを変えて、おしゃれにも余念がなかった。

一九〇四年、十五歳になった靄齢はマクティア女学校を卒業すると、米国へ留学することになった。留学手続きは全て父が行い、彼女は中国で初めての米国への女子留学生になった。

大好きな姉が米国へ留学してしまうと、宋美齢はひどく悲しがった。日がな一日、母のそばを離れず、何をするでもなく過ごした。両親は美齢が五歳になると、姉と同じようにマクティア女学校へ入学させたが、寄宿生活になじめずホームシックにかかり、学校をやめて自宅で家庭教師を呼んで勉強することにした。

それでも、夏休みになって姉の靄齢が米国から帰省すると、兄弟姉妹が集まって賑やかになった。午前中は、美齢も姉や兄と一緒に英国人教師の元へ通って英語とラテン語を学び、午後は父の友人から中国の古文を習った。昼食後は、家族全員で昼寝するのが日課だったが、母の倪桂珍が眠ってしまうと、皆でこっそり起き出してきて、庭先でトランプ遊びや鬼ごっこに興じた。

次女の慶齢は一八九三年生まれで、美齢より五歳年上である。真面目で物静かな少女で、何事に対してもよく考え、こうと決めたら梃《てこ》でも動かない芯の強さがあった。

七歳になると、姉の靄齢と同じマクティア女学校へ入学した。学校では姉とよく比較されたが、慶齢はおしゃれには関心がなく、おかっぱ頭で服装も質素だった。勉強に熱心で成績優秀、特に英語が得意だった。一九〇七年、慶齢はマクティア女学校を卒業すると、長女の靄齢と同じく米国へ留学することになった。もうすぐ十五歳になろうとしていた時期のことである。

美齢は、いよいよ寂しくなったのだろう。「私も一緒に留学する」と言い出したが、まだ九歳。それでも父は、美齢も一緒に留学させることにした。

父の宋耀如がまだ幼い子供たちを米国へ留学させたのは、彼自身、かつて米国に憧れ、米国の大学で学んだ懐かしい体験があったからだ。もっとも、彼の米国生活は苦難に満ちたものだった。

父・耀如の数奇な人生

『宋美齢伝』によれば、一八六一年、海南島の貧農の家に生まれた宋耀如は、元の名を韓《かん》教准《きょうじゅん》、別名を嘉樹《かじゅ》といい、また耀如ともいう。

貧しさから小学校へ上がらずに、九歳で兄とともにジャワ島へ出稼ぎに行き、遠縁にあたる宋という華僑に出会った。宋は米国のボストンで小さな中国雑貨店を営んでいた。十四歳になっていた韓嘉樹は、新大陸アメリカに行けば大きなチャンスがあると思い、ボストンへ連れて行ってくれるよう頼み込み、小学校へ行かせてもらう代わりに、放課後は店で働くという約束を交わした。宋は、利発で働き者の彼が気に入り、養子にしたいと考えて、宋姓と別名の耀如からとって「宋耀如」と名乗らせた。

だが、ボストンへ到着すると、宋は言った。

「いずれ店を継がせるから、今は頑張って商売を覚えろ。商売人は学校など行かなくてもよい」

耀如は失望した。悶々《もんもん》として働く毎日の中で、客として店に来る中国人の少年二人と親しくなった。二人は、清国政府が米国へ派遣した「幼童留学生」だった。

「幼童留学生制度」は、十二歳から十四歳の少年を選抜して、米国の家庭に住まわせて地元の中学から高校、大学まで進学させるという長期的な米国留学制度だった。だが留学生が幼すぎたために、米国の生活に馴染《なじ》みすぎて清国式の礼儀作法を忘れてしまい、清国から視察に訪れた教育監督官の怒りを買って、留学制度そのものが三期で停止された。

耀如が知り合った二人の少年は、その「幼童留学生」の一期生と二期生だった。

一期生の牛尚周《ぎゅうしょうしゅう》は江蘇省出身、第二期生の温秉忠《おんへいちゅう》は広東省出身で、二人はケンブリッジ地区の米国人家庭で生活しながら、地元の中学校へ通っていた。

二人から米国人の家庭生活や学校の様子を聞かされた耀如は、ますます勉強したいという思いが強くなり、ある日店を飛び出すと、ボストン港に停泊していた貨客船で荷役作業中の労働者に紛れて、船に潜り込んだ。翌朝早くに貨客船は出港し、沖合に出たところで彼は見つかり、船長の下に引き出された。船長は思案した末に、彼を次の寄港地で降ろすことにして、それまで船で働くよう言いつけた。

甲板の掃除、食事の皿配り、積み荷の整理、船長や船員同士のメッセンジャーボーイとして、骨惜しみなく働いた。明るくひょうきんで、気が利くので、船員たちから可愛がられた。

ノースカロライナ州ウィルミントン港に寄港すると、船長は耀如を友人宅に連れて行った。友人夫婦は熱心なメソジスト教徒で、彼らが所属するプロテスタント教会の牧師に預けることにした。プロテスタント教会派は「福音派」とも呼ばれ、ミッションスクールや病院建設、貧民救済など、活発な社会福祉の活動を行い、貧しい子供たちに教育の機会を与えることで知られていたからである。

牧師は彼を引き取り、一八八〇年十一月に洗礼を受けさせると、規則正しい生活を送るようにと言いつけて、クリスチャン名を「チャールズ・ジョン・スーン」とつけた。

宋耀如にとって、期待と喜びにあふれた新たな道が開けようとしていた。


数カ月後、牧師は耀如を軍人のジュリアン・カールの家に預けて、衣食住の面倒をみてもらうよう手配した。カールは実業家で、織物工場を営み、夫婦そろって慈善事業に熱心に打ち込んでいたことから、見知らぬ東洋人の少年を引き取り、自分が創設したプロテスタント系神学校であるトリニティ・カレッジ（現在のデューク大学）へ入学させた。

耀如は特待生として、集中的に英語の補習授業を受け、その後はキリスト教の教義や『聖書』の読解を熱心に勉強した。成績優秀で朗らかな性格だったから、友人もたくさんできた。だが一年後、彼は突然転校させられる。転校先は、ノースカロライナ州に隣接するテネシー州ナッシュビルにあるヴァンダービルト神学校（現在のヴァンダービルト大学）である。

なぜ、転校することになったのかは明らかでないが、どうやら耀如は将来宣教師になるより、もっと別の道を歩きたいと願っていたようだ。しかも庇護《ひご》者であるカール夫妻の娘に恋心を抱いたことで怒りを買ったらしい。カール夫妻は耀如が米国で神学を身につけた後、中国へ帰って宣教師として活動することを期待していたからだ。

失意のうちに転校した耀如だったが、持ち前の明るさを発揮して、新しい環境に馴染もうと、勉強に取り組んだ。しかしこの時期、彼は、もう将来の希望をはっきりと思い描いていた。

「帰国して宣教師になるより、米国で医学を学んで医者になりたい」――。

その思いは卒業時期が迫るにつれて、ますます強くなった。しかし、校長に幾度か希望を伝えたが、聞き入れられなかった。

一八八五年十二月三日、耀如は米国に名残惜しい気持ちを残したまま、帰国の途についた。ナッシュビルから列車でカンザスシティへ行き、大陸横断鉄道に乗り換えて三日かけて西海岸のサンフランシスコへ移動し、パシフィック郵船の三等船室に詰め込まれ、横浜を経由して、翌年の一月初めに上海に到着した。

上海で「聖書印刷の宋」となるまで

上海で宋耀如を待ち受けていたのは、過酷な日々だった。

帰国翌日、上海在住の米国人宣教師ヤング・アレン博士のところへ挨拶に行った。アレン博士は、中国では通称名の林楽知《りんらくち》で知られていた。米国のサウス・メソジスト教会の監理会から上海教区の最高責任者として派遣され、四十七年間、中国で暮らした教育家で、清末の政治改革を目指した「変法運動」に大きな影響を与えた「万国公報」の創刊者でもある。

アレン博士は耀如に対して冷淡で、すぐに布教活動を開始するよう指示した。長年会っていない広東省海南島の両親に会いたいので、数週間の休暇を許してほしいと頼んだが拒否された。それでは布教の地として日本へ派遣してもらえないかと聞いたが、上海で布教するようにと厳命された。

最初の派遣地は、上海の呉淞地区だった。じめじめした盆地で、貧しい人々ばかりが住んでいた。半年後、今度は昆明地区へ巡回宣教師として派遣された。ここには仏教徒が多く、キリスト教徒はほとんどいなかった。

ある日、巡回布教へ出かけて町中を歩いていると、彼を呼ぶ声がした。振り返ると、立派な身なりをした青年だった。ボストンで知り合った清国留学生の牛尚周だった。二人は再会を喜び、牛尚周は耀如の苦境を親身になって心配してくれた。そして、「結婚すれば布教にも精が出るだろう」と言って、見合いの段取りをつけてくれた。

一八八七年夏、耀如は牛尚周の妻の妹、倪桂珍を紹介された。彼女は熱心なクリスチャンで、耀如と同じメソジスト教徒だった。初対面は、教会の礼拝日である。

丸顔の倪桂珍は、黒目がちの瞳でやさしく微笑みかけた。長い黒髪がふわりと両肩にかかり、小さな真珠の髪飾りをつけていた。一目惚れした耀如はすぐに交際を申し込んだ。彼女の家族に紹介されると、倪家の家族は明るく快活な耀如を気に入り、快く交際を許してくれたという（前出『宋美齢伝』）。

倪家は、明代の著名なクリスチャン科学者である徐光啓《じょこうけい》を先祖に持つ、敬虔なクリスチャン一家だった。倪桂珍は米国キリスト聖公会が運営する上海の「培文女子高等学校」で学び、数学が得意だった。家庭ではピアノを楽しみ、上海の中産階級のお嬢さまとして何不自由なく育った。

二人は間もなく結婚し、仲睦まじい夫婦になった。

精神的に安定した宋耀如は、布教活動の傍ら、上海の反清的秘密組織「三合会」の互助会員になり、互助資金を使って日本の近代的な印刷機械を手に入れると、「米中印刷館」を開いて英語と中国語の印刷を請け負った。やがて翻訳出版も手がけるようになり、『蘇州方言聖書』など宗教関連の本を印刷・製本して販売すると、よく売れた。儲かった金で、今度は「福豊製麺所」を開いた。さらに人に勧められて、煙草工場と綿紡績工場にも投資した。どちらも近代設備を導入したので商売は繁盛し、生活が格段に豊かになった。

苦労の多い宣教師の仕事はもうやめることにしたが、日曜日には夫婦そろって欠かさず教会へ礼拝に行き、上海中国キリスト教青年会にも参加した。顔が広くなり、上海の「米国聖書経公会」から中国語版の聖書の印刷を一手に請け負うようになり、「聖書印刷の宋」という渾名《あだな》で呼ばれるほど知名度が上がった。

宋耀如と孫文の出会い

その一方、宋耀如は、社会問題に強い関心を寄せていた。革命家の孫文と知り合った時期には諸説あり、一説には一八九四年、孫文が上海からハワイへ渡航しようとしていた時期に、友人から紹介されたとされる。もうひとつの説では、一八九五年に孫文が広東で最初の武装蜂起に失敗した時だったとされる。いずれにしても、二人は出会ったその日から、意気投合したようだ。

「滅満興漢《めつまんこうかん》」――満州族が支配する清朝政府を打倒し、漢民族による新しい国家を作る――という孫文の理想に耀如は共感した。二人に共通していたのは情熱だった。

耀如は米国で苦労した時期に、合理的で柔軟な考え方や、現実の困難に対処する知恵と工夫を身につけ、努力の末に豊かな生活を手に入れたが、中国社会の不合理さに苛立《いらだ》つことも少なくなかった。孫文は「革命家」といえば聞こえはよいが、武装蜂起に失敗して清国政府から指名手配されたテロリストだ。もし付き合えば、耀如自身にも危険が及ぶ可能性があるが、社会改革の理想に燃えた姿が頼もしく映った。

二人は時間を忘れて話し合い、耀如は孫文に革命資金を提供しようと申し出た。孫文が大いに励まされ、革命の意欲を支えられたことは想像に難《かた》くない。こうして耀如は孫文のスポンサーになり、後に孫文は彼を「革命の隠れたブレーン」だと評した。

やがて耀如は家族ぐるみで孫文と深く親交を結ぶことになるのだが、それについては後ほどご紹介しよう。

一九〇四年、まず長女の靄齢が米国へ留学した。

ルーズベルト大統領に物申した靄齢

宋靄齢が学んだウェズリアン女学校は、一八三六年に創設された米国最初の女学校である。米国南東部のジョージア州アトランタ市に近い小さな町メイケンにあり、進取の気性に富んだ女子教育の「聖地」である。現在ホームページに掲載された学校案内によると、「何歳からでも、また人生のどんな状況においても、学ぶ意思のある者をサポートする」ことを教育方針として、仕事や家庭生活と両立するための夜間コースや週末コース、単科コースなどが設けられている。こうした校風だからこそ、二十世紀初頭にはるばる東洋の国からやってきた最初の女子留学生を迎え入れることにも、迷いはなかったのに違いない。

女学生の大半は、裕福な家庭の娘や名門出身のお嬢様だった。靄齢は最初、前任校長のゲーリー学長の自宅に住みこみ、米国の上流社会の礼儀作法から言葉遣い、立ち居振る舞いまで細かく教えこまれた、洋食の作法は、上海の宋家で普段から躾《しつ》けられていたので苦もなくこなした。入学当初は「予科生」として英語の学習に専念したが、一年も経たずに上達して普通クラスに入り、同級生たちとも打ち解けた。

大胆で怖いもの知らずの靄齢の気性を表すエピソードが残っている。第二十六代セオドア・ルーズベルト米国大統領に会ったときの話である。

米国留学中の靄齢をルーズベルト大統領主催のパーティーに呼んだのは、伯父の温秉忠だった。実は、宋耀如の妻になった倪桂珍は三人姉妹の三女で、姉二人がそれぞれ牛尚周、温秉忠と結婚したことから、ボストン時代の友人三人は、義理の兄弟になっていたのである。温秉忠は「幼童留学生」として渡米してボストンで宋耀如と知り合った後、米国の名門校ウースター工科大学で学んで帰国し、中国国内の米国領事館や両江総督署の通訳官になった。そして靄齢が留学した翌年の一九〇五年、清国の「外国訪問使節団」の一員としてヨーロッパと米国を巡り、米国の首都ワシントンD.C.でルーズベルト大統領に公式会見することになっていた。

ホワイトハウスで催された歓迎パーティーで、ルーズベルト大統領は大勢の人の中から黒髪の少女がいるのを見つけて話しかけた。持ち前の尊大な態度で、大統領はこの十六歳の中国人の娘にアメリカをどう思うかと聞いた

「アメリカはとても美しい所です」靄齢自身によれば、こう答えた。「私はここで大変愉快です。でもどうしてあなた方はアメリカを自由な国家というのですか?」。彼女はすばやく、前年の夏にサンフランシスコで受けた扱いを説明した。

(『宋家王朝』〈上〉スターリング・シーグレーブ著、田畑光永訳、岩波現代文庫、二〇一〇年)

実は、靄齢はサンフランシスコ港で米国へ入国する際、彼女が所持していたポルトガル籍のパスポートを疑った係官が、ぞんざいな態度で彼女を責め立て、収容所へ入れるぞと脅した挙げ句に、船内に二週間も軟禁状態で放置していたのである。その苦い経験に深く傷ついた靄齢が、ルーズベルト大統領に怒りをぶつけたのである。

「そんなに自由なら、なぜ中国の少女を追い出そうとするのでしょう。私たちは中国にきたお客さんを、あんなふうには絶対扱いません。アメリカは自由の大地なのでしょうに！」

大統領はびっくり仰天したと、彼女はいっている。彼女の憤激を聞いた後、大統領は口のなかでそれは悪かったとつぶやくと、すぐに次のお客に向き直ったそうである。

（同前）

多難な入国ではあったが、その後の米国での大学生活は順調であった。

一九一〇年、ウェズリアン女学校を卒業した靄齢は、慶齢と美齢に見送られて、帰国の途についた。

この翌年には、辛亥《しんがい》革命が成功し、中華民国臨時政府が樹立された。一九一二年一月一日、臨時大総統に就任した孫文は、多忙を極めていた。上海で靄齢の帰りを待っていた父の宋耀如は、さっそく靄齢を孫文の英語秘書につかせて、それまで自分が行ってきた革命組織の財政管理や電報処理、情報の整理などの仕事の一部を肩代わりさせた。

「崇高な理想」を備えた宋慶齢

宋慶齢は一九〇七年、十四歳のときに、伯父の温秉忠が引率する「米国留学代表団」の一行十八名の一員として渡米した。

中国で官費留学制度が始まったのは一九〇三年、清朝末期の両江総督で開明派として知られる端方《たんぽう》が、米国各地を教育視察して折衝《せっしょう》し、中国の教育向上に関心を示したエール大学、コーネル大学、ウェルズリー女子大学（ウェルズリー・カレッジ）などと協定を結んで始まった。翌年には合計百二十二名の清国人が米国へ留学した。次いで、江蘇省、安徽省、江西省でも選抜試験が行われ、男子学生十名、女子学生四名が選ばれた。慶齢も合格者の一人だった。

温秉忠率いる「米国留学代表団」は、官費留学生十四名に私費留学生四名を加えた一行十八名からなり、八月に米国客船ミネソタ号で上海を発ち、米国へ向かった。九歳になる美齢が同行を許されたのは、ひとえに縁故《えんこ》によるものである。引率者である伯父の温秉忠に、父である耀如が熱心に頼み込んだからだ。慶齢は官費生だが、美齢は私費生として、米国での滞在先や費用の一切を耀如が手配した。

慶齢と美齢は米国へ到着すると、ニュージャージー州サミットにある英語補習学校で半年間英語を学んだ。美齢については次章に譲るとして、半年後、慶齢は姉の靄齢が学ぶウエズリアン女学校の入学試験を受けて合格し、翌年秋にジョージア州メイケンへ行った。

慶齢はウェズリアン女学校で、文学を専攻した。真面目で興味の幅が広く、哲学から歴史、社会、政治分野まで幅広く本を読んだ。ディスカッションの授業では、物静かな口ぶりの中にも深い洞察力のある意見を述べて、先生や同級生たちを感嘆させた。友人のひとりはこう話している。

彼女は思慮深く、英語力も卓越していました。一度、歴史の授業で先生が「歴史ではなにが大切でしょうか?」と質問したとき、彼女はこう答えました。

「一つの民族が発展するためには、すべての民族の啓発が必要で、それなしには真の進歩はあり得ません」

それを聞いた先生はいたく感心していました。

（学内誌「ウェズリアン」〈一九一一年十一月号〉を転載した中国の雑誌「児童時代」第十期、一九八二年五月十六日）

慶齢は学内誌「ウェズリアン」の編集にも加わり、中国の寓話からヒントを得た小説を発表した。また、一九一三年四月号には「現代中国婦女」「阿媽《アーマー》」（メイドや乳母の意）と題する二編の論文を発表して、中国の女性解放運動について述べた。論文「外国教育を受けた留学生による中国への影響」では、次のように述べている。

中国初期の外国留学生は政治、教育、社会改革の面で、中国に一定の影響を与えている。中国の歴史は長きにわたり虚偽と改竄《かいざん》に満ち、朝廷と御用文人によって「政治ビジネス」が行われてきたのである。彼らは国を治める本分をわきまえず、悲惨な境遇に置かれた人々は絶えまなく暴動と武装蜂起を行っている。［中略］自分は将来祖国建設のために尽くしたい。（同前）

まるで清朝打倒を目指す革命家のような思考である。彼女は中国の歴史書以外に、革命家の孫文の著書を読み、少なからず影響を受けていたに違いない。この論文を読んだ学友たちは、みな慶齢のことを「崇高な理想を備えた女性」だと評した。

慶齢は後にメイケンの地元新聞のインタビューを受けて、ウェズリアン女学校で過ごした日々を振り返っている。

私は米国で過ごした青年時代に、米国の偉大なる民主的な伝統の薫陶《くんとう》を受けて、人生の大いなる力の源となりました。西洋文化は私の受けた教育の一部分であり、それが祖国にとって、民主的精神が必要な母国にとって、非常に貴重でした。
（ジョージア州、メイケン新聞、一九五九年四月三十日付）

一九一四年八月、慶齢はウェズリアン女学校を卒業すると、美齢を連れて弟の子文がいるボストンへ行き、数日間滞在した。

宋子文は、靄齢、慶齢に次ぐ三番目の子供で、宋家の長男である。一八九四年生まれで、当時二十歳。ハーバード大学大学院の修士課程一年生だった。子文に続く妹が三女の美齢で、四歳年下である。子文は上海の聖ヨハネ大学を卒業後、一九一二年にハーバード大学大学院に留学して修士号を取得し、さらにニューヨークのコロンビア大学大学院博士課程に進んで、経済学博士号を取得した。そのままニューヨークのマンハッタンで米国の大手銀行であるシティ銀行に入社して実務経験を積んだ後、帰国することになるのだが、この時期はまだボストンにいた。

慶齢は、その子文に美齢を託した後、大陸横断鉄道でサンフランシスコへ行き、米国から両親が待つ日本へと向かったのだった。

慶齢に心奪われた孫文

慶齢が日本へ到着してみると、姉の靄齢も日本で孫文の英語秘書として働いていることがわかった。喜んだ慶齢は両親に挨拶を済ませた後、さっそく姉に向かって、是非とも孫文に会わせてほしいと頼んだ。

一九一一年に辛亥革命が成功し、中華民国臨時政府が樹立されて初代臨時大総統になった孫文は、清朝皇帝の退位と引き換えに、翌年正式に樹立された中華民国政府の大総統の地位を北京の軍閥・袁世凱《えんせいがい》に譲った。だが、袁世凱は新たな皇帝になろうと「帝政」を唱えたことで、中国全土の軍閥たちが袁世凱打倒の狼煙《のろし》をあげた。孫文も「第二革命」を起こして袁世凱を倒そうとしたが失敗。一九一四年当時は日本へ避難し、日本人支援者たちの庇護の下にあった。宋耀如も激しい戦乱が続く上海を逃れて、一家全員で日本に避難していたのである。

慶齢は、さっそく米国土産の菓子を持って、孫文を訪ねた。

孫文は、彼女を一目見るなり心を奪われた。慶齢は若く美しく洗練され、近代教育を身につけて流暢な英語を話す。こんな女性には今まで出会ったことがなかった。

孫文は饒舌《じょうぜつ》になり、新国家建設のための大構想を話して聞かせた――。

近代国家を建設するためには三本の柱が重要だ。「資源の開発と振興」「三峡ダムの建設」「鉄道網の普及」がそれであり、これら「三大国家計画」が実現すれば、中国は経済が発展し、世界に誇れる近代国家に成長できるのだと、熱を込めて語った。

慶齢は一言も聞き逃すまいと、耳を澄ませて神経を集中させた。

ハワイで四年間英語を学んだ経験のある広東出身の孫文と、米国の大学を卒業したばかりの上海出身の宋慶齢の会話は、おそらく英語だったのではないだろうか。広東語と上海語では、方言がまったく異なり、外国語のように通じないからだ。北京語をベースにした標準中国語はまだ普及していない時代のことであり、二人の共通言語は英語しかなかったはずである。

日本の外務省記録によると、宋慶齢は日本に滞在していた十日間に、合計八回孫文に面会している（『宋慶齢年譜』尚明軒、陳民他著、社会科学出版社、一九八六年）。

日本政府の監視下にあるばかりか、いつ中国から刺客がやってくるかと、四六時中緊張に包まれていた孫文にとって、慶齢と過ごす時間は一服の清涼剤であり、憩いと寛ぎを与えてくれただろう。二人は急速に親密になっていった。

靄齢と慶齢の結婚

一方、長姉・靄齢もまた、生涯の伴侶となる男性との関係を深めていた。

靄齢が、東京の神田にある中華キリスト教青年会の総幹事をしていた孔祥熙と言葉を交わしたのは、慈善事業の集会だった。孔祥熙は社交的で、朗らかな好青年だった。父の耀如も参加した集会で気に入り、自宅の食事会に招いた。

食事会は楽しく、すっかり打ち解けた孔祥熙は、「一度、ニューヨークの会合で宋靄齢さんをお見かけしたことがありますよ」と告げた。

彼はエール大学大学院を卒業したばかりだと話した。実家は裕福な家柄であることもわかった。耀如は喜び、靄齢に相応《ふさわ》しい結婚相手だと見定めた。

一九一四年九月、靄齢と孔祥熙は横浜の教会で結婚式を挙げた。出席者は宋家の両親と妹の慶齢、弟の子文と子良。孔祥熙は義兄と数人の友人だけだったが、二人は幸福だった。

靄齢は、結婚を機に孫文の秘書をやめ、孫文のたっての希望で、妹の慶齢が引き継いだ。間もなく、母の倪桂珍が体調を崩したことから、宋一家は上海へ引き揚げることになり、靄齢と孔祥熙夫婦も一緒に帰国した。慶齢は孫文の秘書として日本に残ったが、母の病気を気遣って、上海と日本を何度も往復した。


一九一五年の春、慶齢は孫文と結婚したいと両親に告げた。両親はひどく狼狽《ろうばい》した。

宋耀如は確かに孫文を尊敬し、資金を支援しつづけてきたが、それはあくまでも公的な革命のためである。個人的に見れば、孫文は五十二歳で耀如と同年代であり、娘の慶齢はまだ二十二歳で、あまりにも年の差が大きすぎる。

そもそも孫文には広東省にれっきとした妻がいる。その上、女性に関する噂が絶えず、横浜華僑の十四歳になる娘を追いかけたり、日本人女性との間に子供を作ったりと、とかく女性関係で様々な問題を抱えていた。第一、革命を志して矢面に立っているのだから、いつ死ぬかもわからない。そんな男に可愛い娘を嫁にやるなど、親としては絶対に認めるわけにはいかなかった。

だが、いくら説得しても慶齢の決意は揺るがなかった。両親と靄齢、子文らの反対を押

Aflo

次姉・慶齢は親の反対を押し切って孫文と結婚した

し切って、慶齢が上海の実家を飛び出したのは十月だった。
日本へ戻ると、孫文は妻との間で交わした「離婚誓約書」を手にして、慶齢の帰りを待ちわびていた。

孫文は慶齢を上海へ送り出した後、すぐに広東省から妻と子供を日本へ呼び寄せた。上野公園を案内し、銀座で買い物に付き合い、贅沢な料理を食べさせた後、協議離婚の話を切り出した。

自分は革命家として生きる道を選んだ。世界中を飛び回っている。もう広東の実家へ戻ることはないだろう。あなたの夫として相応しくない。だが、今後のあなたと子供の生活の面倒はみると約束する。だから離婚してくれ——そう孫文は妻を説得して、手切れ金を持たせて広東へ送り返したのである。

孫文の妻は、親が決めた結婚相手だった。文字が読めず、革命の意味も理解できなかったので、生活さえ保障してくれるなら離婚することにも異存はなかったのかもしれない。だが、彼女が複雑な胸中であっただろうことは想像に難くない。

一九一五年十月、孫文と慶齢は、支援者である梅屋庄吉《うめやしょうきち》の自宅で結婚披露宴を開いた。梅屋夫妻は香港で写真館を営んでいたが、孫文と出会って革命資金を支援するようになった。熊本の志士である宮崎隆介《みやざきりゅうすけ》と弟の宮崎滔天《とうてん》、後に首相となる犬養毅《いぬかいつよし》、福岡・玄洋社の頭山満《とうやまみつる》、財界人の久原房之助《くはらふさのすけ》、東大教授の寺尾亨《てらおとおる》など、大勢の日本人が物心両面から孫文を支援していたが、その中でも梅屋庄吉は全財産をつぎ込み、絶大な支援をした人である。

家族思いだった慶齢はそれまで、米国へ留学中の弟の子文や妹の美齢に宛てて、よく手紙を書いていた。孫文との結婚についても、弟妹二人に祖国建設の重要さを熱心に説き、自分も貢献したいと思っていると伝えていたのである。また、他人にも兄弟姉妹の話題を喜んですることが多かったが、やがて関係が悪化した時、慶齢は内心の苦しい心情をこう吐露するようになった。

美齢は頭がよくて、私よりラテン語がずっとできました。音楽の才能もあり、ピアノが上手でした。子文は才能がありました。でも、政治的なことになると、私とは見解の相違がありましたし、互いに譲りませんでした。私たちは思想信条の違いにより、袂《たもと》を分かったのです。

（前出『宋慶齢年譜』）

結婚後の宋慶齢は、孫文の妻として秘書として、民主国家の建設のために闘う一方、二度と再び宋家の人々と親しく接することなく、ひたすら「我が道」を突き進んで行くのである。

第三章

恵まれた米国留学生活

姉から自立した小学校時代

宋美齢が、姉の慶齢と一緒に米国へ到着したのは一九〇七年秋のことだった。父の宋耀如が手配したニュージャージー州の英語補習学校で半年間英語を勉強したことは、すでに書いた。最初はホームシックにかかり、盛んに両親を恋しがったらしい。

翌年の夏、靄齢、慶齢、美齢の三姉妹は揃ってジョージア州の高原の町、デモレストのサマーキャンプに参加した。慶齢がウェズリアン女学校の入学試験を受けて合格し、いよいよ秋学期から入学すると決まったとき、父は九歳の美齢を、姉・靄齢の学友の母親で同州アトランタ市郊外のピードモントに住むモース夫人に託すことにした。

美齢はモース夫人の庇護の下、ピードモントの小学校に通うようになり、持ち前の好奇心を発揮して、かなり楽しんだようだ。同級生には下層階級の子供たちが大勢いて、年齢もばらばらだったが、美齢が少し英語で会話できるようになると親しくなり、炭焼きをして稼いだ金で進学した者や、児童労働者として働いた経験を持つ者などがいることがわかり、彼らの貧しい境遇に驚き、未知の世界を覗き見したような気になった。

米国で出版された『The Soong Sisters（宋三姉妹）』には、ジョージア州在住の知人、ジョージ・C・ベリングラスの依頼を受けて、宋美齢自身がピードモントの思い出を綴《つづ》った手紙が、そのまま紹介されている。

私はピードモントの八年生［中学二年生］で、そこで九カ月間をとても楽しみました。［中略］ピードモントでは、英語の構文の面白さを知りました。アメリカへ来てからまだ二年でしたから、かなりいい加減でした。私は英文法の先生を戸惑わせるような面白い言い回しをしてしまい、彼女はそれを正すために文法の組み立てを勉強させました。彼女の努力はかなり成功をおさめたと思います。なぜなら、今では私はとても良い英文を書くとほめられるからです。もしそうなら、無駄に長い文章や分割された不定詞と格闘した末に、私が英文法や修辞学の複雑さを克服する能力を身につけたことが、後々とても役に立ったのかもしれません。

村の人々は私を何か珍しいもののように見ていましたが、そんなことにはお構いな

しに、私はハント翁さんの雑貨店でひとつ五セントのガムドロップを買って、みなと同じように存分に楽しみました。［中略］

ピードモントでは、本をたくさん読みました。お気に入りの場所は、私が住んでいたモース夫人の家の横にある、二本の樹木の間に置かれた木製のベンチでした。モース夫人は男子寮の寮長で、私は夫人とその娘のロジーナとルビーと一緒に、一階にある続き部屋の一画に住んでいました。［中略］モース夫人は親切にも、私にビスケットを焼かせてくれましたが、うまくできませんでした。私はまったく料理に向いていないようでした。

私は、姉がサマーキャンプに参加することになったノースカロライナ州フェアモントへ行くために、ピードモントを離れました。モース夫人は私をアトランタまで連れて行ってくれ、そこで姉と合流しました。私は再びピードモントへは戻りませんでしたが、そこで過ごした時間がとても愛おしく、よく覚えています。

（『The Soong Sisters』Emily Hahn著、Open Road Media; Reprint版、２０１４年）

美齢を託されたモース夫人は、責任感がある女性で、日常の世話を焼く以外に、英語を徹底的に教えこんだ。文法の誤りや細かいニュアンスの違いを辛抱強く直し、発音を厳格に正した。そのお陰で、美齢の英語は上達したが、南部訛りの発音もこのとき身についたのだった。

一九〇九年夏、靄齢、慶齢と合流してサマーキャンプに参加した美齢は、そのまま姉たちと一緒にジョージア州のウェズリアン女学校へ向かった。

美齢は十一歳になっていた。まだ女学校の入学資格はなかったが、幸いにも新任の校長先生に美齢と同じ年頃の娘がいたことから、「特別生」として受け入れてくれた。美齢は、靄齢、慶齢とともに寄宿舎に住むことを許され、校長先生の娘とふたりで毎日勉強したり遊んだりして仲良くなり、入学年齢に達するのを待って、ウェズリアン女学校の学生になった。

ウェルズリー・カレッジ時代

翌年、靄齢が卒業し、さらに一九一四年に慶齢が卒業して米国を去ると、美齢はマサチューセッツ州ボストン近郊にあるウェルズリー・カレッジへ転校することになった。ボストンには兄の子文が留学中だったので、何かと安心だという父の配慮からである。

前述したように、子文は当時、ハーバード大学大学院の修士課程にいて、秋から二年生になるところだった。美齢の入学願書の保護者の欄には、子文のサインがある。しっかり者の兄がいたずら好きな妹の面倒をよくみた様子がうかがえる。

この頃に撮影した写真が残っている（73ページ参照）。

慶齢と子文の二人が真正面を向いて立ち、兄の後ろに身を隠すようにして、いたずらそうな表情で覗き込んでいる美齢がいる。白いスカートの裾が波打っているので、今、後から走ってきて、シャッターを押す瞬間に間に合った、というような動きのある写真だ。カメラに向かって直立不動で立っていた兄と姉は、彼女が後ろにいることに気付いていなかったのかもしれない。いかにもお茶目でいたずら好きな妹の気性が垣間見える。

ウェルズリー・カレッジは一八七〇年、女性に優れた教育を施すために設立され、名門私立女子大学七校を総称する「セブン・シスターズ」の筆頭に挙げられる最名門校だ。マサチューセッツ工科大学（ＭＩＴ）や、ハーバード大学など元男子校の「アイビー・リーグ」の私立大学と提携を結び、自校にはない講義科目を他校で受けても、単位取得が認められている。元米国大統領夫人で弁護士のヒラリー・クリントン元国務長官が卒業したことでも知られている。

宋美齢がウェルズリー・カレッジに入学した頃に撮影された写真。姉・慶齢（右）、兄・子文とともに

美齢は当初、ウェルズリー・カレッジに馴染めなかったようだ。

小中学校時代を過ごしたジョージア州は、自然豊かでのんびりした土地柄で、町には労働者も商売人も大勢いて、みな気さくで飾らなかった。

だが、マサチューセッツ州の環境は大きく異なる。歴史と伝統ある大

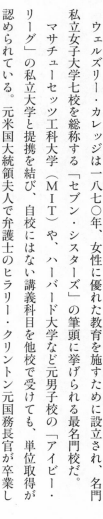

都会ボストンの街には贅沢な身なりの紳士や淑女が行き交い、週末になると、ボストン周辺の名門大学から上流階級の子弟たちが町に溢れ出て、我が物顔で闊歩《かっぽ》する。そうした雰囲気に、美齢は息苦しさを覚えたのかもしれない。

ウェルズリー・カレッジの入学式の日、宋美齢は校長室へ乗り込み、南部訛りの英語でこう宣言したという。

「私は、この学校にそう長くはいないと思います！」（前出『宋美齢伝』）

とはいえ結局、宋美齢の在学期間は一九一四年秋から一九一七年の夏までの四年間に及び、履修科目をすべて取得して卒業することになる。入学一年目はキャンパスにある大学宿舎に入り、二年生からはクラスメート数人と大学周辺の一軒家で共同生活を送った。どうやらその間に上流階級のお嬢様学校にもすっかり溶け込んだようである。

中国人としての自覚と不安の中で

在学中の四年間、宋美齢は白人社会の中で唯一の東洋人として過ごした。その間に、中国人としての自我に目覚めたのではないだろうか。

服装も、同級生と同じように洋装にハイヒールという姿だったが、上海の自宅から送ってもらった中国製の緞子《どんす》の上着を、よく洋服の上から着込んでいたという。白人社会の中で、ただひとりの東洋人として目立つ存在であったはずである。周囲とは異質な自分に気付き、孤独感に苛《さいな》まれたかもしれない。自分と向き合い、深く見つめて、中国人であることを強く意識したのではないか。中国製の上着を身に着けることは、堂々と中国人であることを誇示し、自分自身でもそれを確認するための作業のように思われる。

ある教師は、宋美齢の思い出をウェルズリー・カレッジ編纂《へんさん》の資料にこう記している。

この方［宋美齢］は実に興味深く、内面に力を秘めていました。［中略］彼女の性格の最も興味深い一面は、独特の考え方をして、何ごとにも絶えず深く思索することでした。

（『蔣介石和宋美齢』簡潔、孟忻編著、吉林文史出版社、一九八九年）

一九三七年十一月、ウェルズリー・カレッジが校友生たちから聞き取りをして編纂した

「宋美齢の学習科目と課外活動」という資料がある。その中にこんな一節がある。

　宋美齢は才能のある学生でした。第一専攻は英文学で、第二専攻は哲学です。彼女は特に中世の騎士道物語、アーサー王と円卓の騎士たちの激しい戦闘場面が好きで、［中略］在学中の四年間はフランス語と音楽理論、バイオリンとピアノを学びました。ほかにも天文学、歴史学、植物学、英文筆記、聖書史とスピーチの科目を選択していました。一九一六年の夏にはバーモント大学で教育学を学び、単位も取得しています。

（『宋美齢写真』辛慕軒他著、档案出版社、一九八八年）

　宋美齢は、大学の卒業時に、ウェルズリー・カレッジ「最高学術栄誉賞」を受賞し、「成績優等生」として表彰された。

だが、彼女自身、卒業が近づくに連れて、新たな不安が大きくなっていった。九歳から十年間米国にいて、米国のことはそれなりに理解しているつもりだが、中国のことは何一つ知らなかったからである。

特に気になったのは、結婚のことだった。長女の靄齢は元米国留学生の孔祥煕と結婚して、両親も満足している。だが、次女の慶齢は両親の反対を押し切り、革命家の孫文と駆け落ち同然に結婚してしまった。もし自分の結婚について、両親が反対したり、嫌な相手を押しつけられたりしたら、どうしようかと不安に駆られた。

一九一七年の夏、宋美齢は十年に及ぶ米国の留学生活を終えて帰国した。

上海へもどる船の中で、美齢はひとりの中国人と知り合った。劉紀文《りゅうきぶん》という広東出身の若者で、早稲田大学を卒業して広東軍政府に任官した後、英国のケンブリッジ大学へ留学した秀才だった。今は米国へ観光旅行をして中国へ戻るところだという。旅の気安さから、美齢は思わず不安を口にした。彼は親身になって話を聞き、真剣に慰めてくれた。二人は意気投合し、美齢は軽い気持ちで、将来結婚しようと口約束を交わした。

後に、宋美齢が蔣介石と結婚したとき、劉紀文が訪ねて来て文句を言ったとされる。蔣介石は彼に十分な慰謝料を支払い、南京市長の地位を与えて納得させたようだ（同前）。

母国語も歴史も生活習慣も知らない現実

美齢が帰国した一九一七年、中国では政情不安が増していた。

一九一四年にヨーロッパで第一次世界大戦が勃発《ぼっぱつ》し、上海にはドイツから避難してきたユダヤ系の資産家たちが大勢いて、米国政府から移住許可が出るのを待っていた。彼らは上海で高級デパートや毛皮店、欧米人相手の洋風レストランやバーを経営していた。ロシアでも、一九一七年に「十月革命」が起きて社会主義体制のソビエト政権が誕生して以降、白系ロシア人たちが着の身着のまま上海に逃げてきていたが、彼らはすでに金を使い果たし、娼婦や物乞いに身を落とす者も少なくなかった。

日本軍の大陸侵攻が拡大するに連れ、上海には日本企業が続々と進出し、日本料理店や旅館が開かれ、日本人娼婦や犯罪者もやってきた。

中国国内では、袁世凱亡き後を継いだ北京政府の段祺瑞《だんきずい》が、ドイツに宣戦布告して第一次世界大戦に参戦する一方、孫文は段祺瑞政権に反対する国民党議員を引き連れて、広東軍閥の陳炯明《ちんけいめい》と手を組み、一九一七年に「広東軍政府」を樹立した。これにより、中国には北京政府と広東軍政府という二つの政府が並立し、南北対立の構図が出来上がった。

上海はまさにカオスの世界だった。多種多様な目的を持った人々が集まり、犯罪とテロが横行し、富と貧困、生と死が隣り合わせの混沌とした国際都市になり、「魔都・上海」と呼ばれた。


美齢は米国とのあまりの違いに驚いた。生活様式にも馴染めなかった。

彼女は米国での習慣のまま、洋装を好んだ。社交界にデビューしても、つい英語で外国人と話すことが多かった。そんな彼女に対して、陰口を叩く者も少なくなかった。

「あの人は英語ばかり話している。中国語で話をすると、ぜんぜん分からない」

「まるで外国人気取りで、鼻持ちならない女だ！」

周囲の冷たい視線を感じ取った美齢は、外出を控えるようになった（前出『宋美齢伝』）。

幼い時から家庭教育ばかりで中国の学校に通ったことがなく、十年間海外で暮らしたために、母国語で話すのも一苦労だった。中国のことは歴史も地理も生活習慣も、何一つ知らない自分に愕然《がくぜん》とした。大きなカルチャーショックであった。

だが、彼女は負けん気が強かった。父の宋耀如は、彼女のために中国語と古文の先生を雇い、自宅で学ばせた。幼い頃に学んだ記憶が助けになり、少し勉強すると上海語が滑らかに話せるようになった。

漢字の読み書きは苦手だった。それでも、先生は毎日忍耐強く中国の古典文学を朗読させ、暗記させて書写させた。こうして一年近く勉強を続けると、宋美齢はいちおう漢字の読み書きができるようになり、標準中国語で他人と会話もできるようになった。中国の古典文学、近代文学を大量に読んだことで、歴史や地理についても知識が広がった。

社交の場に出ても、もはや悪口を言う者はいなくなった。宋家のお嬢様として大胆に振る舞う彼女は、社交界の花形になった。父は外国人との交際も多く、美齢が父に替わってビジネス相手をもてなす機会が増えた。

父の死と突然の見合い話

一九一八年の春、父が突然倒れた。

胃がんが進行し、すでに手遅れの状態だった。父の枕元で、靄齢・慶齢・美齢の三姉妹は代わる代わる父の手を握り、涙にくれた。

五月三日、妻と子供たちに囲まれて、宋耀如は亡くなった。美齢が帰国して一年も経たない時期のことである。

宋耀如の葬儀は上海の社交界、宗教界、財界をあげて盛大に挙行された。葬儀が終わると、靄齢と慶齢は夫の元へ帰っていった。美齢は悲嘆にくれる母を慰めながら、放心したまま父の遺品の整理に日々を費やした。

いくつかの学校から教師にならないかと誘われたが、断った。賑やかな社交界からも足が遠のき、ただ母親の傍らで静かに時を過ごすことが多くなった。

ひとつだけ、上海キリスト教青年会の慈善活動には参加した。熱心に奉仕活動に取り組む彼女を見た上海市議会の議員は、議会が運営する「児童労働問題委員会」の委員に推薦した。美齢は寂しさを紛らわせるために、委員を引き受けることにした。若い独身女性が委員として社会活動に参画した過去はなく、これは画期的な登用だとして、世間から注目を集めた。美齢は現地視察に参加して、過酷な児童労働の実態と極貧の生活を垣間見て衝撃を受け、一層社会活動にのめり込んでいった。

そんなある日、姉の靄齢が実家を訪れると、美齢に切り出した。

「あなたに相応しい男性を見つけたの。蔣介石という軍人で、将来有望よ。彼は国家のリーダーになること請け合いだから、是非一度会ってみない？」（前出『宋美齢伝』）

美齢は、これまで幾人にも結婚を申し込まれていた。しかし気乗りがしなかった。

米国から帰国する船中で、元英国留学生の劉と意気投合し、勢いで将来結婚しようと口約束を交わしたものの、その後は一向に音沙汰がない。

美齢はヒーローが好きで、強い男性に魅かれるが、そんな頼もしい男性には出会ったことがなかった。

「会うだけ会ってみたら？」と、熱心に勧める姉の言葉に、美齢は素直に従うことにした。

靄齢は、すでに蔣介石と美齢の顔合わせの段取りをつけていた。

第四章

蔣介石との結婚

蔣介石の生い立ちと最初の結婚

蔣介石は、一八八七年、浙江《せっこう》省奉化《ほうか》県の山間の小さな村、渓口鎮《けいこうちん》で生まれた。幼名は周泰、号は志清、字を介石という。辛亥革命の後、孫文から「中正《ちゅうせい》」という名を拝命して以後は「蔣中正」と名乗った。

生家は「玉泰塩舗」という塩を扱う裕福な商家で、創業者の祖父は村一番の働き者で篤志家だった。息子二人のうち、店を引き継いだ次男の粛庵《しゅくあん》も働き者で村の顔役になり、商売はすこぶる順調だったが、妻との縁に薄かった。最初の妻は二人の子供を産むと亡くなり、二番目の妻も結婚後、すぐに亡くなった。近在の知識人の娘・王采玉《おうさいぎょく》を三番目の妻に迎えた粛庵は、采玉との間に四人の子供をもうけた。蔣介石はその長男である。子煩悩《こぼんのう》な采玉は先妻の子供たちも引き取り、実子と分け隔てなく可愛がった。

だが、一八九四年に祖父が亡くなり、さらに翌年、父も病没すると家業は傾き、村の小役人や悪徳地主、親戚たちが財産に群がり、口実を設けて持ち去った。采玉は女手一つで幼い子供たちを必死で育てたが、一番気がかりだったのは長男の蔣介石だった。

蔣介石は子供ながらに体格が良く、勉強嫌いで落ち着きがなく、毎日、村の子供たちを引き連れて野山を駆け巡った。五歳で家庭教師をつけたが長続きせず、私塾へ入れても、他の子供にちょっかいを出したり、教室で暴れまわったりして、教師は匙《さじ》を投げた。

結婚でもすれば少しは落ち着くのではないかと思った母は、蔣介石が十五歳になった一九〇二年、隣町から蔣介石より四つ年上の毛福梅《もうふくばい》という娘を嫁に迎えることにした。体が丈夫だという理由で、母が気に入ったのである。

結婚式の日、蔣介石は初めて毛福梅の顔を見た。可もなく不可もなく、無骨で親しみが湧かなかった。文字が読めず、無口だという印象だけが残った。蔣介石は宴席で酒をがぶ飲みして酔いつぶれ、親戚たちに担がれて寝室に運ばれる始末だった。

この年、蔣介石は科挙試験の第一段階である「童試《どうし》」を受験したが、不合格だった。蔣介石は、試験会場で横行するカンニングと親たちの付け届けの多さに呆《あき》れて、

「もう二度と受験なんかしない！」

と、癇癪《かんしゃく》を爆発させた。

古典の勉強が嫌なら、近代教育はどうかと新制高等学校へ入学を勧められたが、やはり

長続きせず、三回も転校した。同級生たちは、彼に「紅将軍《ホンジャンチュン》」という渾名をつけた。将軍のように偉そうな態度で、顔を真っ赤にして怒鳴る癇癪持ち、という意味である。

体力だけは自信があるが、勉強が嫌いだから、学問で身を立てることはできない。ならば丈夫な体と運動神経の良さで勝負する軍人になるのはどうだろう。軍人になって国家のために戦うのだ。父が死んで、母を苦しめてきた地方役人や悪徳地主、親戚たちにも一泡吹かせてやる。日本に留学して軍人になり、孫文が結成したと聞く「中国同盟会」に参加しよう——。そう思い詰めた蔣介石は、母・采玉に日本へ留学したいと打ち明けた。

町の床屋へ行って辮髪《べんぱつ》を切り落とし、友人に頼んで母へ届けた。采玉は息子の決意が固いと知り、家に残っていたわずかな装飾品と家財道具を売り払い、渡航費用を用立ててくれた。蔣介石はその金を懐《ふところ》に村を飛び出すと、一目散に上海港へ向かい、日本行きの船に飛び乗った。

二度目の来日で東京振武学校入学

蔣介石が初めて日本を訪れたのは、一九〇六（明治三十九）年のことだった。

日本に来てみて初めてわかったのは、陸軍士官学校に入れるのは、清朝政府から正規に派遣された軍事留学生に限定されているということだった。九カ月ほど日本に滞在し、日本語学校へも通ってみたが、埒《らち》が明かなかった。鬱々《うつうつ》としていたところへ母から手紙が来て、妹が結婚するので帰国するようにと言ってきた。資金も尽きたので帰国することにした。

妹の結婚式を取り仕切った後は特にやることもなく、暇を持て余していたが、清国政府の陸軍部が「通国陸軍速成学堂」を開設することになり、学生を公募するチラシを見つけた。卒業後は日本へ留学することもあるという。「通国陸軍速成学堂」は、後に「保定軍官学校」と呼ばれて有名になる中国の陸軍士官学校である。

勇んで応募すると、面接試験で体格の大きさと運動神経の良さが評価されて合格した。一年後に実施された日本留学の選抜試験では、「日本語ができます！」と力説して、これも合格した。

二度目の日本留学は一九〇七年三月である。蔣介石を含む一行六十二名の軍事留学生は、大連港から長崎経由で神戸港に上陸すると、列車で東京へ向かった。同期生の一人、四川省出身の張群《ちょうぐん》と気が合い親友になった。張群は後に蔣介石の側近となり、国民政府の行政院長を務めることになる。入学したのは牛込区市ヶ谷河田町（現在の新宿区河田町）にある東京振武《しんぶ》学校だった。日本陸軍が一九〇三年に設立した清国人専門の軍事基礎学校で、教官は現役の陸軍士官が務めていた。

一年先輩で同郷出身の黄郛《こうふ》とも知り合った。浙江訛りで思う存分話ができるのは気が楽だった。蔣介石は黄郛、張群など、数人の仲間と一軒の貸間を借り、「秘密のアジト」と称して日曜日になると集まり、郷土料理を自炊して腹いっぱい食べた。張群は「秘密のアジト」について、後にこう回想している。

われわれは、日曜日だけ使うという約束で、十二畳ぐらいの大きい部屋を借りていた。そこへみんな集まっては、語り合ったものだ。

楽しみのひとつは気ままな自炊であった。そのころの日本人にはブタの内臓を食べる習慣がなく、安く買えた。一匹分、まるまる買って、たしか八十銭ぐらいだったと思う。貰っていたお金は、月に十三円（政府から十円、学校から三円）、朝めしを四銭で食べることができた時代である。七輪に炭火をおこし、めしを炊いて、つつき合う。もちろん蔣（介石）総統も自分で買い物に行き、料理をつくった。

（『蔣介石秘録』上、サンケイ新聞社著、サンケイ出版、一九八五年）

母から、早く孫の顔を見たいとたびたび催促がきて何度か帰省するうち、一九一〇年三月、毛福梅が男の子を産んだ。名を経国《けいこく》とつけた。蔣介石が二十三歳のときのことで、赤子に対面するのは出産からかなり日が経った頃である。

「革命成功」の一報を受けて日本から「逃亡帰国」

一九一〇年六月、ハワイから日本経由でシンガポールへ行く途中の孫文が、東京で中国同盟会の会合を開き、会員を前に革命の意義と戦略について熱弁した。

蔣介石は末席でかしこまって聞いていたが、話が一段落したのを見計らって、孫文の右腕で武闘派のリーダーだった陳其美《ちんきび》が、蔣介石を紹介した。

「この男は蔣介石といいます。今、日本陸軍に留学して軍事を学んでいます」

上海出身の陳其美は上海マフィアの青幇《チンパン》の一員で、「武力を磨くことこそ革命の要件だ」というのが持論だった。九歳年下の蔣介石はその言葉に憧れて、二人は「義兄弟の契り」を結んでいた。中国同盟会の会合に初めて参加したのも、陳其美が連れて行ってくれたおかげだった。

蔣介石は孫文に向かって、

「自分も中国同盟会の一員になり、是非とも軍事面から革命に参加する覚悟です」

と、訥々《とつとつ》とした口ぶりで伝えた。

孫文は一言、二言、学校のことなどを尋ねたが、それ以上の話はなかった。後に孫文は蔣介石と会ったときの印象をこう話している。

「この男は間違いなく革命の実行者にはなるだろう」

「革命の実行者には」と含みのある表現をしたのは、口下手で愚直そうな男だから、軍人としてなら役立つだろうが、多くの会員が雄弁で優秀な留学生であるのに比べて、注目するほどの者ではないと感じたからではないだろうか。

一九一〇年十一月、蔣介石は振武学校を卒業した。三年間の総合平均点は六十八点で、六十二人中五十五番の成績。中の下といったところである。蔣介石を含めた十六人は、新潟県高田市(現・上越市)に駐屯する陸軍第十三師団野戦砲兵第十九連隊に配属された。

配属先で一年間の実地訓練を受けた後、試験に合格すれば陸軍士官学校に入学できる。そして陸軍士官学校を卒業後、見習い士官として半年間の実地勤務を終えれば、晴れて陸軍少尉に昇進できるのである。だが、蔣介石にそのチャンスは巡ってこなかった。

翌年の一九一一年十月十六日、大雪が降る朝の新聞に、「支那特電、中国の武昌で武装蜂起が成功!」という見出しが躍った。同日、上海にいる陳其美から至急電報が届いた。

「革命成功、すぐ帰れ!」

蔣介石は親友の張群、同期の陳星枢《ちんせいすう》と三人で、すぐ帰国することにした。師団長に申し出ると、正式な許可が出るまで数日待てと言われたが、待ちきれずに無断で列車に飛び乗った。

その結果、陸軍省の記録には、陸軍大臣・石本新六《いしもとしんろく》の署名入りで、清国派遣の六十二名の軍事留学生のうち、「逃亡帰国者三名」がいたと記された。蔣介石もその一人だった。

帰国後、蔣介石は陳其美の指揮下に入り、浙江省杭州市の武装蜂起を成功させた後、上海総攻撃に加わり勝利した。勝利の知らせは中国各地から届いた。全国十八省のうち独立を宣言した十七省の代表たちが南京に集まり、中華民国臨時政府を樹立して臨時大総統に孫文を選出し、首都を南京と定めた。

十二月二十六日。孫文は米国の軍艦に乗って凱旋帰国すると、新生中国をフランス型の共和制とすると決め、翌年一月一日を「民国元年」とすることも決まった。前述したように、北京にいる清朝皇帝の退位を実現させるために、北京軍閥の袁世凱に中華民国政府大総統の地位を譲ったが、全国の軍閥から反発を受けて内乱が起こり、孫文も日本へ逃走。米国留学から帰った宋慶齢と結婚したのは、このときである。その後、孫文が広東軍閥の陳炯明と手を結び、広東に「広東軍政府」を樹立したことは、すでに書いた通りである。

「四・一二クーデター」と蔣介石の焦り

蔣介石は広東軍政府の中で浮いた存在だった。首脳部は孫文を筆頭にして、ナンバー2

の廖仲愷《りょうちゅうがい》、ナンバー3の汪兆銘《おうちょうめい》など、いずれも頭脳明晰、弁舌爽やかなエリート知識人で、広東出身者の集まりだった。会話は自ずと広東語が中心になり、浙江訛りの強い蔣介石は会話の輪にも入れなかった。

それでも、蔣介石は飛躍的に出世していく。

一九二二年、広東軍閥の陳炯明が孫文に反旗を翻《ひるがえ》すと、上海にいた蔣介石は広東へ駆けつけて孫文の命を救ったことで、大いに感謝された。

翌年には、孫文の代理として「孫逸仙《そんいっせん》博士代表団」を率いてソ連へ視察に行った。だが、ロシアで共産党の実情を見て反感を覚え、孫文に共産党と連携しないよう進言したが聞き入れられず、不貞腐《ふてくさ》れて上海へ戻った。

一九二四年、新設された黄埔《こうほ》軍官学校の校長に任じられた。軍人教育の仕事はまさに天職だった。蔣介石はかつて日本陸軍で受けた訓練の様子を逐一《ちくいち》ノートに記録していたが、その記録通りに訓練を実施し、中国人将兵の育成に熱中した。その熱心さが評価されて、中国国民党第一回全国代表大会に出席を認められ、国民党中央執行委員に取り立てられた。これは飛躍的な出世だった。

だが、孫文が全国統一のために革命軍を組織して北上（北伐）する途中、一九二五年三月に肝臓がんで死去すると、政府首脳部の結束が揺らぎ、後継者だった廖仲愷が党内の右派勢力に暗殺され、左派の汪兆銘が改組後の国民政府主席に就任した。

蔣介石は、しきりに共産党の存在を気にしていた。

広東軍政府は、もとはと言えば、孫文がソ連から資金援助を受けるのと引き換えに、共産党員を個人の資格で参画させて樹立した国民党政権である（「第一次国共合作」）。汪兆銘は孫文の遺志を継いで共産党と協調路線をつづけたが、共産党は共産勢力を拡大させることに奔走していた。

このまま共産党を野放しにしておけば、国民党政権の屋台骨が揺らぐ。一刻も早く共産党を一掃しなければならない。そう考えた蔣介石は悶々とした日々を送り、疑心暗鬼が昂《こう》じていった。一九二六年三月、蔣介石は「中山艦事件」を起こした。中山艦の艦長だった共産党員が連絡の行き違いから艦船を移動させたことで、共産党の反乱を疑った蔣介石が先制攻撃を仕掛けて艦長を逮捕した事件である。

汪兆銘以下、国民党中央の全員が蔣介石を激しく叱責したことで、蔣介石は逮捕者を釈放したが、不満が残った。七月、蔣介石は勝手に国民革命軍総司令に就任したと宣言して、孫文の遺志を継いで「北伐」を開始した。軍事力を掌握した蔣介石に対して、国民党中央は制止する力がなかった。

一九二七年四月十二日、蔣介石は突然、共産党を撲滅しようと軍事クーデターを起こした。

「たとえ千人誤って殺しても、一人の共産党員も逃すな！」

というスローガンの下、上海、広東で始まった「共産党狩り」は、中国全土へ広がり、虐殺の嵐が吹き荒れた。無関係の若者たちが大量に殺害され、共産党は壊滅状態に陥《おちい》った。

戦乱を避けて武漢に移転した国民政府中央は、軍事委員会の名の下に、蔣介石から国民革命軍総司令の職権を取り上げ、権限を大幅に縮小した。蔣介石は下野して郷里に帰ると、鬱々とした日々を過ごした。

姉・靄齢が仲介した蔣介石との出会い

蔣介石と宋美齢が最初に出会ったのはいつだったのか、実は、はっきりしない。

一説には、一九二二年十二月、上海にある孫文の家で、宋子文がクリスマスパーティーを開いた際、蔣介石が上流階級の宋美齢を見初めたとされる。孫文と妻の慶齢が広東へ転居するための送別会を兼ねていたので、革命派の人々も大勢参加していたのである。

もう一つの説は、上海社交界で華やかに振る舞う美齢の姿を、蔣介石が遠くから仰ぎ見て、秘かに憧れたというものだ。

だが、前述のように実際に二人が急接近したのは、長姉の靄齢によるところが大きい。靄齢は蔣介石が広東軍政府にいた頃、茶会を開いて二人を引き合わせたのである。

蔣介石の日記に初めて宋美齢の名前が登場するのは、一九二七年三月二十一日のことで、「今日は盛んに美齢のことばかり思う」と書かれている。

ちなみに、この日記を書いた翌月に、蔣介石は上海で「軍事クーデター」を起こして共産党狩りを開始し、大量虐殺に踏み切ったのである。

美齢と結婚に至る経緯についても諸説あるが、蔣介石の二番目の妻だった陳潔如《ちんけつじょ》の英文記録も、その一つである。

陳潔如は、孫文の支援者だった上海の資産家である張静江《ちょうせいこう》の娘の親友で、張家で孫文ら革命党員の会合が開かれたとき、たまたま遊びに来ていた陳潔如に蔣介石が一目惚れし、熱烈に求婚して結婚した女性である。当時、陳潔如は十四歳、蔣介石は三十二歳だった。二人は結婚後、孫文の樹立した広東軍政府の所在地である広州に住んだ。浙江省にいる妻の毛福梅とその息子の経国は、ほったらかしのままである。

陳潔如の存在は長らく秘匿《ひとく》され、謎に包まれていた。蔣介石が広東軍政府時代に同志たちと撮った写真の中から、彼女の部分だけを「白抜き」して消し去り、緘口令《かんこうれい》を敷いたことから、外部には一切知られてこなかったからだ。

それが一九九二年、米国のスタンフォード大学フーバー公文書館の資料の中から、英文タイプで『マイ・メモリー』と書かれた紙の束が見つかり、陳潔如の回想録だと判明した。台湾で出版された『陳潔如回憶録』には、彼女が蔣介石と過ごした七年間の結婚生活が情感豊かに、だが、愛憎相半ばする心情が切々と記されている。以下は、陳潔如の回想録に沿ってご紹介しよう。

二番目の妻が明かした離婚の経緯

下野した蔣介石は、武漢からほど近い九江の貸別荘に妻・陳潔如とともに滞在しながら、ぼんやりした日々を過ごしていたが、ふと思い出したように、隣町である漢口に滞在中の宋靄齢に宛てて手紙を書き送り、目下の窮状を訴えた。

蔣介石と宋靄齢は、孫文が軍事資金を確保するため上海に開設した株式市場で株取引に従事していたとき知り合った。株仲間として幾度か食事をするうち、蔣介石は彼女が機知に富んだ戦略家であることを知った。

手紙を読んだ靄齢は、すぐに中国銀行の客船をチャーターしてやってくると、九江港へ停泊させたまま、蔣介石を呼びつけて半日近く船内で密談した。

夕方遅く、蔣介石は浮かない表情で貸別荘へ戻ってくると、陳潔如に向かってこう言ったという（以下は『陳潔如回憶録』からの引用と要約）。

靄齢は、蔣介石を上昇中の「新星」に例えて、今、あなたは中国共産党と背後にいるソビエト共産党顧問らの陰謀により、権力を奪われていることは明らかだと、言った。

「今後、もしあなたが国民党のために奮闘し、国家を救い、権勢を取り戻したいと願うなら、必要なのは絶大な権力と資金、それにやる気と権限です。……だけど、今、あなたには何もない」

「しかし望みはあります。もし私と取引するなら、あなたは武漢の国民政府と縁を切り、上海の大銀行家たちと手を結んで、『北伐』を継続する軍資金を提供してもらえばよい。必要な軍事物資ばかりか重火器も購入できる。私には彼らと強いコネクションがありますから」

「でも、それには条件があります。私の妹の美齢と結婚してください。それと、あなたが政権を掌握した暁《あかつき》には、私の夫の孔祥熙を工商部長（大臣）に就任させ、私の弟の宋子文を財政部長に就任させると約束してほしい。もし約束するなら、私が全力で協力しましょう」

靄齢から言われたことを逐一伝えた蔣介石は、陳潔如が座っているソファーの傍らに膝をつき、哀れな声で懇願した。

「お願いだから承知してくれ。第一、真実の愛とはどれだけ相手のために犠牲になれるかで計れるものだろう?」

「いったい私にどうしろと言うの?」

「五年間だけ身を引いて、僕に宋美齢と結婚させてくれ。そうすれば軍資金を援助されて『北伐』を続行して、武漢の国民政府から独立できる。これは政略結婚に過ぎないのだよ!」

さらに、蔣介石は言った。

「いいかい、よく聞いて。全額資金を出すからアメリカへ留学してほしいのだ。君が勉強して研鑽《けんさん》を積んでいる間に、僕は新しい国家を作り上げる。そうすれば戻ってきたとき、君に若者たちの近代化教育を実施してもらえるし、また僕と一緒に働けるじゃないか。君の友人の張静江のお嬢さん二人にも、君と一緒にアメリカへ行ってもらうから、ちっとも寂しくないよ!」

呆れ返った陳潔如は上海の実家に身を寄せた。実家まで追いかけてきた蔣介石は、自分の窮状を切々と訴えて、「助けてくれ!」の一点張りだった。陳潔如はついに折れて、アメリカへ留学することにした。
一九二七年九月初旬、陳潔如は張静江の娘二人とともに、上海から豪華客船プレジデント・ジャクソン号に乗り、神戸、横浜、ハワイを経由してサンフランシスコに到着した。その直後、最新ニュースが飛び込んできた。

（AP伝）一九二七年九月十九日上海電――前国民党総司令の蔣介石将軍は奉化県で受けたインタビューで、プレジデント・ジャクソン号で今月中国を出発してサンフランシスコに到着した女性は、彼の妻ではないと述べた。彼は、この女性が妻だと報道するのは、彼を陥れる政敵の陰謀にほかならず、報道されているような「蔣介石夫人」ではないとコメントした。

陳潔如が衝撃を受けたのは言うまでもない。後のことだが、彼女はコロンビア大学に入学後、ペンシルベニア大学へ転校して、五年間アメリカに滞在した後、上海の実家に戻ってひっそりと暮らした。戦後は香港に移り住み、一九七一年に中国で文化大革命が猛威をふるっていた頃、ひっそりと生涯を閉じた。享年六十五。歴史の荒波に呑み込まれた悲運の女性であった。

結婚の申し込みは有馬温泉で

宋靄齢が宋一族の繁栄とひきかえに、蔣介石と宋美齢を結びつけたという話は、多くの人々の間で語り継がれてきた。だが、美齢自身はこれを否定する。

一九三九年頃、美齢が身の回りの世話係に、こんなことを言ったという。

蔣介石との結婚は完全に私の意思です。そして私が母や姉の靄齢と兄の子文を説得し切り、賛成してもらったのです。なぜ蔣介石を愛したのかですって？　それは、もともと私は英雄を崇拝していましたし、孫文先生は幾度も蔣介石を褒めて、すごい人物だと言っていましたから。一九二二年に孫文先生のお宅で初めて蔣介石に会ったとき、彼は確かに英雄なのだと感じました。［中略］この結婚はまったく私自身が決めたことです。姉とは何の関係もありません。

（『在宋美齢身辺的日子』張紫葛著、団結出版社、二〇〇三年）

では、蔣介石自身は宋美齢との結婚を、どう思っていたのだろう。

一九二二年九月、陳潔如が米国へ旅立った後、蔣介石は宋靄齢のもとへ連日通って話し込んだらしい。宋子文は軍人である蔣介石を嫌い、この結婚に反対したが、蔣介石は親しく付き合っていた上海マフィアを使って脅し、黙らせたと言われている。美齢とも深夜まで話し合い、父の宋耀如亡き後、家長となった母の倪桂珍から許しをもらうようにと、言い含められた。この時期、倪桂珍は日本に滞在していた。

九月二十八日、蔣介石は側近十数人を引き連れて、上海港から日本行きの上海丸に乗船した。その夜、

「今夜は眠れそうもありません」と、船上から宋美齢に電報を打った。

翌日も、船上から打った電報には、愛の言葉が連なっていた。

蔣介石一行は長崎に上陸後、雲仙《うんぜん》の九州ホテルで一泊し、翌日、神戸へ移動して華僑財閥の邸宅に滞在。そこで宋子文と落ち合い、六台の車を連ねて奈良の法隆寺を見物した後、

兵庫県の有馬温泉へ向かった。有馬温泉には、神経痛を患っていた宋美齢の母・倪桂珍が湯治に来ていた。

日本のメディアは、国民革命軍総司令の職を剥奪されて下野した蔣介石が、なんの目的で日本へ来たのかと、真意を測りかねていた。米国へ亡命するのではないか？　そのために妻の陳潔如を先行させたのだ。いや、日本に亡命しようと、すでに九州の土地を買った――などと、まことしやかな噂が飛び交っていた。

蔣介石は長崎港に到着した直後、彼に群がる日本の新聞記者にこんなコメントを残している。

「私が今回貴国に立ち寄ったのは、十三年目に貴国の驚くべき発展の跡を観察することと、今ひとつは久々に古い友達にあって旧交を温めるためで、その他、別にたいした理由はありません」

（東京朝日新聞、一九二七年九月三十日付）

どうやら宋美齢との結婚については極秘事項として、日本のメディアを煙《けむ》に巻くために回り道したようだ。

有馬温泉に到着した蔣介石は、倪桂珍が投宿していた有馬ホテルに部屋をとり、さっそく挨拶に行った。蔣介石は畳に正座して両手をつき、自己紹介した後に切り出したという。

「どうか私とお嬢さんの宋美齢との結婚をお許しください」

倪桂珍は穴の空くほど蔣介石を凝視した。威力に満ちたその眼差しに、蔣介石は赤面してうろたえた。しばらくして倪桂珍が口を開いた。

「話はもう聞いています。いいですとも！」

安堵した蔣介石は、お礼を言うのももどかしく、

「ついては、日本で挙式をしたいのですが」

「いいえ、それはなりません。宋家は全員クリスチャンです。あなたも宋家の一員となる以上、洗礼を受けなくてはなりません。それでいいですか？」

蔣介石は受け入れざるを得なかった。

「結婚式も、私たちが信仰するメソジスト教会の形式に従って、上海で行ってください」

「承知いたしました。是非そうさせていただきます」

結婚の許しを得た蔣介石はよほど嬉しかったようで、有馬ホテルを引き払う際、宿泊代三円五十銭のところを、「些少《さしょう》ですが」と言って、三百円も置いていったことが、今日でも有馬ホテルの経営者だった増田家で代々語り継がれている。

米誌「タイム」の表紙を飾った結婚式

一九二七年十二月一日、蔣介石と宋美齢は上海で結婚した。

蔣介石は四十歳、宋美齢は二十九歳だった。結婚式はメソジスト教会の形式に従い、宋家の応接間で行われた。蔣介石が離婚経験者であったため、牧師は立ち合わず、中華キリスト教青年会全国協会の総幹事が代理を務め、元北京大学学長で教育振興に力をいれていた蔡元培《さいげんばい》が立会人になった。

披露宴は盛大に行われた。上海有数のマジェスティック・ホテル（大華飯店）の大ホールを借り切り、ホール正面に孫文の遺影と中華民国旗である青天白日満地紅旗が掲げられた。米国、ベルギー、ドイツ、日本など各国の総領事や政財界の重鎮、著名人ら、総勢一千三百人を超える人々が列席した。

二人の晴れ姿は上海時報の一面トップを飾り、米国の雑誌「タイム」の表紙も飾った。

蔣介石は宋一族の一員に加わったことで、上海の財界にもお披露目を果たした。

「北伐」を継続するための多額の軍資金が、宋一族の仲介によって上海の財界からもたら

AP/Aflo

蔣介石と宋美齢の結婚式は上海有数のホテルで盛大に執り行われた

された。やがて蔣介石は全国統一を果たして南京に蔣介石政権を打ち立て、宋靄齢との約束通り、靄齢の夫・孔祥熙は工商部長に、宋子文は財政部長に就任した。こうして蔣介石は急速に上海財閥、さらには米英両国との関係を深めていくのである。

第五章

理想の国を目指した「新生活運動」

国民政府は「破綻寸前」

一九二七年に宋美齢と結婚して、上海財界から軍事資金を援助された蔣介石は、「北伐」を成功させると、南京（中国での略称は「寧」）に独自の国民政府を樹立した。そのため、汪兆銘率いる武漢・国民政府中央と、蔣介石率いる南京・国民政府――という二つの国民政府が出現することになった。歴史上、「寧漢分裂」と呼ばれるものである。

武漢の国民政府中央は孫文の遺嘱に従い、ソビエトからの資金援助に頼って、中国共産党と協調路線を維持しつづけようとした。だが、ソビエトの資金が途絶え、政府内部では中国共産党の攪乱《かくらん》工作がますます激しくなった。窮地に陥った汪兆銘はやむなく「分共」政策をとり、政府内部から共産党を追放した。これにより、孫文が実施した「第一次国共合作」は終わりを告げた。

翌一九二八年、蔣介石は南京から汪兆銘に呼びかけた。

「孫文先生の遺志を継ぎ、ともに手を携えて、もう一度国民政府を立て直そう」

汪兆銘がこれに応じて南京・国民政府に合流すると、三月に蔣介石は国民党臨時全国代表大会で正式に主席に選出されて、文字通り国民政府の最高権力者になった。

だが、蔣介石・国民政府の国家基盤は脆弱《ぜいじゃく》で、経済は破綻《はたん》寸前であった。最大の原因は税収の不足である。


当時、中国の税収の柱は三つあった。「関税」と「塩税」、それに「統税」と呼ばれる政府直轄地《ちょっかつち》の消費税であったが、戦乱によって徴収率が著しく低下していた。

もう一つの原因は「通貨」システムにあった。中国の通貨はバラバラで、全国に百種類以上も流通し、毎日交換レートが変動して、経済発展の大きな妨げになっていた。

一九二九年十月、米国ニューヨークのウォール街にある証券取引所で株価が大暴落した。その日が木曜日だったことから、「暗黒の木曜日」と呼ばれている。米国の株価大暴落は見る間に世界中に波及し、「世界大恐慌」となって、金本位制が崩壊した。

幸いなことに、銀本位制をとる中国では銀価格の低下によって輸出が促進され、経済が好況に転じて、上海はバブル景気に沸いていた。しかし、英国が金本位制から離脱すると、一九三一年秋以降、次第に上海経済にも陰りが見え始めた。追い打ちをかけたのは天候不順だった。一九三一年から毎年豪雨による水害が発生し、綿花の生産が低迷して、物価が上昇した。

破綻寸前の中国経済を救ったのは、国民政府の財政部長に就任した宋子文だった。

宋子文「通貨改革」と巨額蓄財

彼はまず関税を引き上げた。関税計算に金本位制（一単位＝一米ドル四十セント）を採用し、中国の主要な輸入品である綿布の輸入関税を二倍に引き上げて、国内の繊維産業を中心とする軽工業の保護をはかった。また、零細企業が多かった国内の繊維産業を整理して、国有化を進めた。

それから最大の難題——「通貨統一」のために大ナタを振るった。

まず、清朝時代から続いてきた「銀両」を廃止して、銀本位制の通貨単位を「元」に統一した。次に、「現銀」（銀貨と銀塊をそのまま使用する貨幣）の流通を停止すると、「中国銀行」、「中央銀行」、「交通銀行」、「中国農民銀行」の四つの銀行を財政部の直轄とし、通貨発行権を与え、法定通貨を「法幣」に定めた。これによって国家の通貨管理体制が確立された。中国の歴史上、初めて紙幣による統一通貨制度が誕生したのである。まさに画期的な経済改革だった。

「通貨統一」の後ろ盾になったのは、英国と米国である。もっとも、米英両国は宋子文の金融政策を支援することで、中国経済を金融面から支配しようと目論んでいた。

英国は、財政のエキスパートであるリース・ロスを駐中英国大使館の経済顧問に据える一方、英国国王命令を発布して、中国在住の英国人企業家たちに全面的に国民政府に協力することを義務付け、英国系の香港上海銀行などに保管されていた銀塊を、国民政府に拠出するよう命じた。

統一通貨となった「法幣」は、英国のポンドにリンクされ、一元＝一シリング二・五ペンスに固定された。ポンドに裏打ちされた「元」は信用力をつけ、為替相場は安定した。「法幣」を印刷する権利は米英両国も獲得した。

中国全土から回収された「現銀」は米国に売り渡され、「通貨安定基金」が設けられて、ドル建てとポンド建てで積み立てられたことで、「法幣」の信用力がさらに増した。

こうして短期間のうちに通貨は統一され、国民政府は近代国家としての金融制度を整えて、効果的な経済政策が実施できる素地が出来上がったのである。

だが、それは「悪魔に魂を売った」ことにほかならない。中国経済が金融という「見えない巨大な力」で操作され、実質的に米英両国の支配下に入ったことを意味していた。こうして、蔣介石・国民政府は米英両国と切っても切れない関係にはまり込んでいく。


宋子文は神経質で頑固だった。何事も自分で決めなければ気が済まず、尊大で人を見下し、遠慮なく物を言う性格が煙たがられて、次第に政府内で浮いた存在となり、一九三三年十月、財政部長を辞任せざるを得なくなった。

後任の財政部長には、宋靄齢の夫である孔祥熙が就いた。だが、孔祥熙は親戚縁者を次々に役職に取り立て、孔一族の繁栄と金儲けに血道をあげた。

宋子文は辞任後も、財界との強い人脈を持ち、国民政府と財界を結ぶパイプ役として重宝がられた。財界は自分たちの要望を政府に口利きしてもらう見返りに、企業の内部情報を提供したため、宋子文は証券取引で莫大な利益を上げ、彼の所有する企業グループは急速に成長した。

宋子文と孔祥熙は国家財政にも絡んで莫大な富を蓄積し、宋一族と孔一族は大財閥になり、蔣介石も着実に資産を増やしていった。また、蔣介石の腹心の部下で、残虐な暗殺機関を動かしたことで恐れられた上海マフィアの陳果夫《ちんかふ》、陳立夫《ちんりつふ》兄弟も、莫大な資産を築いていった。

蔣介石はまさに「金の卵」であった。国家の最高権力者として政権を維持するために必要な軍事資金さえ与えられれば、宋子文や孔祥熙のやり方には一切口出ししなかった。二人が国民政府を財政面から掌握している限り、国家は無限に富を生み出し、二人の懐には湯水のごとく金が流れ込む。両家の繁栄は永遠に約束されたも同然であった。

蔣介石が打ち出した「三つの国民教育」

蔣介石は、国家建設を国民教育の面から進めようとしていた。国家の基盤が脆弱な原因は、政治に無関心で愛国心がなく、礼儀作法も知らない無教養な国民がいるせいだと思っていたからだ。

かつて孫文は民主制を実現するために「三段階論」――「軍政」「訓政」「憲政」を主張

したが、蒋介石は全国統一を果たして国民政府を樹立したことで、すでに「軍政」期は過ぎて、今や第二段階の「訓政」期に入ったと考え、法に基づく国民教育を実践することを国家政策の大方針に据えて、三つの運動を実施した。

まず一つ目は「愛国主義運動」である。全国に「民衆学校」を設置して、勉強の機会を失った成人や青年のための補習教育と技能訓練を行い、識字教育も実施した。首都・南京には大規模な「民衆教育館」を建設し、講演会や展覧会を開催し、外国に侵略されている中国の歴史を「国の恥」だとする国恥《こくち》教育を実施した。天津市の統計では、一九三三年に開かれた「国恥」講演会は五百九十七回に上った。

この時期に大量に刊行された「国恥地図」は、清朝時代の版図による勢力範囲と、現在の中国の領土範囲を二重に地図で示し、その差こそ諸外国に奪われた土地であり、「国の恥」だとするプロパガンダ地図である。この当時、国恥キャンペーンによって広まった国恥意識はやがて今日の中国の歴史観になり、「本来の姿」を取り戻すべきだとして、南シナ海の領有権を主張する根拠につながっている（「国恥地図」の詳細については、拙著『中国「国恥地図」の謎を解く』をご覧いただきたい）。

AP/Aflo

蔣介石と宋美齢。夫婦で国家建設のために奔走した（1928年撮影）

二つ目は、「国語統一運動」である。

中国には漢民族のほかに五十五の少数民族がいて、それぞれ独自の言葉を使っている。また同じ漢族でも、地方ごとの方言が独特で、他地方の人とは意思疎通すら困難だ。言葉の違いが国民同士の一体感を阻害し、国家の概念を持てない原因でもあったから、国民に共通言語を広めて互いに意思疎通ができるようにすることこそ、何にも増して肝心だった。

日本のふりがなを中国語に応用しようと考えたのは、清朝末期の官僚だった王照《おうしょう》である。王照は一八九八年に西太后が起こした軍事クーデター「戊戌《ぼじゅつ》の政変」で、梁啓超《りょうけいちょう》らとともに日本へ亡命し、日本滞在中に日本語のふりがなを知った。一九〇〇年に帰国すると、出身地である北京の発音「京音」を基準にして、「官話合声字母」を考案して普及に努めた。

国民政府は教育部の傘下に「読音統一会」を立ち上げて、「ローマ字式」「符号式」など、三十種類以上の候補を研究した結果、国学者の章炳麟《しょうへいりん》が考案した「簡筆漢字」方式を採用して、「注音字母《ツウインズームー》」と名称を定めた。

今日でも、台湾ではこの「注音字母（注音符号《フーハオ》）」が用いられている。小学校の国語の教科書には、漢字の横に「注音字母」がふられ、パソコンの入力方法にも採用されている。「声母」（子音、二十一文字）と「韻母」（母音、十六文字）の三十七文字からなり、それを二つか三つ組み合わせて、発音の「声調」（四つのトーン）を足して表記するという方法である。

ちなみに、今日の中国で使われている「拼音符号《ピンイン》」は、アルファベット文字を借用したため、厳密には中国語の発音を表記しきれない。

宋美齢が牽引した「新生活運動」

さて、三つ目の国民教育の政策は、「新生活運動」である。

「新生活運動」の当初の目的は、国民のマナー向上と衛生管理、生活環境を改善することで、国民の教養を高めて、立派な国民を育てようというものだった。そして「新生活運動」の牽引役となったのは、ファーストレディである宋美齢だった。

一九三四年二月十九日、南昌から始まった「新生活運動」は、南京、上海、江蘇省、河北省、福建省、河南省など、瞬く間に各地へ広がった。蔣介石は宣伝と普及のために全国各地を走りまわるはめになり、同行した宋美齢は各地の講演会で堂々と「新生活運動」の意義を強調する演説を行った。

宋美齢の歩き方は、わき目も振らずに足早だった。一方、蔣介石は周囲に挨拶したり会釈したりする機会が多く、いきおい宋美齢の後を追うような格好になった。

その様子を見て、口さがない人々は、宋美齢に渾名をつけて笑った。

「曳狗《イエーゴウ》夫人」――

「曳狗」とは、犬のリードを引っ張って散歩する女性という意味である。

率先して歩く宋美齢が、まるで蔣介石の首にリードをつけて引っ張っているようだと言うのである。まことに辛辣な表現である。

キリスト教的事業がもたらした米国からの支援

さて、蔣介石が考えた「新生活運動」は、中国独自の方法に拘《こだわ》り、色々な要素を取り入れたことから、矛盾した思想が混然一体となってしまった。

この運動は「礼・義・廉・恥」という伝統的な道徳を基本的な精神とし、国民生活の「軍事化・生産化・芸術化（合理化）」を中心目標とし、「整斎（整然さ）・清潔・簡単・素朴・迅速・確実」を実施原則とし、それを「食・衣・住・行」、つまり人々の日常生活に体現させることによって、近代国家の達成を目指したのである。

（『蔣介石と新生活運動』段瑞聡著、慶應義塾大学出版会、二〇〇六年）

矛盾した原因のひとつは、中国の伝統的な倫理道徳である「礼・義・廉・恥」をはじめとする固有道徳を重んじた上に、西側資本主義のキリスト教的な思想を組み入れたことにあった。さらに、当時中国で流行していたドイツ・イタリアの「ファシズム」に影響されたことが重なった。また、蔣介石は日本へ留学した経験から、日本人が質素倹約に努め、律儀で清潔好きで、整然とした国民性を備えていることに着目し、中国人の精神性に取り入れさせようと考えた。その一方では、孫文の唱えた「博愛」精神を、キリスト教的な救済概念と拙速に結びつけてしまったのである。蔣介石は、これらの要素が論理的に矛盾していることに少しも気付かず、彼自身の政治理念がいかに未熟で曖昧なものであるかを、はからずも露呈してしまったのである。

また、「新生活運動」の実施方法にも、大きな問題があった。

新生活運動当時、蔣介石は常に国民政府軍事委員会委員長の名義で、国民党中央と国民政府を超越して、直接に地方の省・市・県政府に運動の実施に関する命令を出した。それは明らかに「越権指導」である。蔣介石のそのような指導様式こそは彼を独裁者と呼ばせた最大の要因であったと考えられる。（同前）

結論から言えば、独裁者・蔣介石が提唱した「新生活運動」は、大きく失敗した。古い伝統道徳は時代遅れで、欧米思想は人々の共感を呼ばず、日本の国民性も中国人の体質には合わなかったのである。

だが、それにもかかわらず、一九三四年に始まった「新生活運動」は、第二次世界大戦が終結した後、国共内戦で国民党が共産党に大敗を喫《きっ》し、台湾へ逃れた一九四九年春まで、なんと十五年間も続いたのである。

なぜ、それほど続いたのか。それは、宋美齢が率先して活動した「新生活運動」が、上海のキリスト教会や米国社会と連携して、米国人の好むところの「慈善事業」に一本化されていったことで、米国社会から多大な資金援助を引き出したからである。

「西安事件」で夫を救った宋美齢

一九三六年十二月十二日、西安事件が起きた。東北軍総指揮官の張学良《ちょうがくりょう》と西北軍総指揮官の楊《よう》虎城《こじょう》が、蔣介石を拉致監禁した事件である。

日本軍によって父の張作霖《ちょうさくりん》が暗殺され、東北の地盤を失った張学良は、蔣介石に「易幟《えきし》

（自軍の旗を返上して服従する）」を誓って国民政府軍の傘下に入ったが、共産党との戦いが長引くにつれ、秘蔵っ子の元東北軍の部下たちが犠牲になるのが忍びなく、共産軍の周《しゅう》恩来《おんらい》と会談して、国共両軍はともに日本軍と戦うべきだと意見が一致した。西安軍閥の楊虎城も共産軍と相互不可侵協定を結んでおり、張学良とともに行動した。

蔣介石はふたりに共産軍討伐を命じたが、なかなか動かなかったため、しびれを切らして西安へ督促に行ったところを捕えられた。二人は蔣介石に対して、「共産党と和解する」「国民政府を改組する」「民主諸党派と一致協力して日本軍と戦う」「言論の自由」など、八項目にわたる要求を出したが、蔣介石は頑《がん》として拒否した。

南京の国民政府は、政府軍を派遣して西安を攻撃し、併せて空爆することを検討したが、宋美齢が蔣介石の身の安全を考えて強硬に反対し、張学良と交渉する道を探った。そして、オーストラリア人ジャーナリストで蔣介石の顧問となっていたウィリアム・H・ドナルドを派遣して、張学良に書状を手渡した後、交渉の余地ありとみた宋子文が西安に入り、交渉を開始した。次いで、宋美齢も西安に乗り込み、蔣介石の解放交渉を進めた。中国共産党は周恩来、葉剣英《ようけんえい》を西安へ派遣し、国民政府の蔣介石、宋子文、宋美齢との間で会談し、合意した。

十二月二十五日、蔣介石は解放されて、宋美齢、ドナルド、宋子文は張学良を伴い南京へ帰還。張学良は拘禁され、楊虎城はのちに一族郎党全員が処刑された。

この事件によって、「国共合作」(第二次)が実現し、国民党と共産党、民主諸党派との間で一致団結して抗日戦争に臨むための「抗日民族統一戦線」が合意された。


事件のあらましは以上の通りだが、西安へ飛行機で到着したときの宋美齢の写真がある。チンチラの毛皮のコートを着て、コックとお手伝い、医師を従えての大名旅行で、飛行機のタラップを降りる彼女に手を差し出しているのはドナルドである。

宋美齢は気丈にも、夫の危機に際して圧倒的な力を発揮し、どのような手段を使ってでも救い出そうとする気迫に満ちている。愛するが故というよりも、自分の所有物を棄損する相手は決して許さないという気概がみなぎっているように見える。それが中国女性の強さの秘密でもあるかもしれない。

とにかく、蔣介石は宋美齢のおかげで助かった。そしてこれまで以上に頭が上がらなくなったことは想像に難くない。

宋美齢の「婦女指導委員会」

一九三七年七月、日中全面戦争に突入した。蔣介石は「新生活運動」を国民党の「抗戦建国」体制に組み入れるため、宋美齢に婦人運動組織を発足させるよう促した。

宋美齢は同年、南京で各種女性団体の代表を集めると、戦時における女性の義務として国民の士気を高める手助けをすべきだと演説して、女性団体の結合を呼びかけ、「婦女指導委員会」を組織すると指導長に就任した。そして外国に対しても、次のようなメッセージを発した。

女性は、銃後にあって、男性が、前線に出て、祖国の防衛に努めることができるようにしなければなりません。［中略］冷血な殺戮者の残虐性は、日本軍によって、中華民国の民衆にも、わかって来ました。

ですが、もし市民が殺されなければならないというのであれば、どんな手段をつくしても、戦線にある者を救うべく、われとわが身を犠牲にする市民を、私どもは求めます。女性は、国民の重大な試練のなかで、彼等の意気を盛りあげることの手助けをしなければならないのです。[中略]

太平洋横断の電話が開通したとき、私は、現在、中華民国を荒廃せしめつつあり、このままますすめば、ますます、廃墟がひろがってゆく災害を、中止するために、いかにして女性が、援助の手を差し伸べることができるか、という問題について呼びかける機会を得ました。それから、私は、ルーズヴェルト夫人に対し、世界の女性が、彼女等の楯のもとに集まれないものかどうかを、たずねたのです。

(一九三七年九月初頭、南京において、ロイターの特別通信者との会見、『わが愛する中華民国』)

ルーズベルト夫人のエレノアは進歩的な活動をしていた米国の女性として有名だったのである。

同年十二月、南京が陥落すると、国民政府は武漢へ撤退し、翌年さらに重慶へ撤退した。

中国全土が焦土と化すなかで、中国共産党は「抗日民族統一戦線」を強く打ち出し、全国民に向けて一致団結して抗日にあたるよう呼びかけた。共産党を支持する女性活動組織で宋慶齢が代表を務める「救国会」は、宋美齢が組織した国民政府の「婦女指導委員会」と協力する方針を打ち出した。

一九三八年五月、宋美齢は全国各党派の女性指導者を廬山《ろざん》に招集して談話会を開くと、国民政府の「婦女指導委員会」に共産党系の団体を組み入れることを決定。姉の慶齢が率いる「救国会」も正式に傘下に入った。改組された「婦女指導委員会」が正式に発足したのは一九三八年七月一日である。

米国の母校に訴えた女性運動の現状

宋美齢は、米国マサチューセッツ州にある母校ウェルズリー・カレッジの要望に応じて、中国の女性運動の現状を手紙で紹介し、孤児救済の慈善活動に協力を求めた。

手紙の冒頭で、彼女はまずウェルズリー・カレッジの精神である――奉仕されるなかれ、奉仕すべし――という社会奉仕の精神の重要性を示した。それから経済問題に触れて、中国の損失は米国の損失でもあると強調した。

中華民国が［日本との戦争に］敗れたら、中華民国が滅びるのはもちろんのこと、極東での外国の利益も、かならず消滅してしまうでありましょうし、外国の商業もすたれてしまうでしょう。［中略］アメリカは、発展途上にあって、潜在能力をもった私どもの市場を失うことになるでありましょう。あなた方は、生産国なのでありますす。従って、あなた方は、過剰生産物をお持ちでありましょう。そして、中華民国は、その過剰分を、管理するのにもっとも適した貯蔵所なのであります。中華民国人は、アメリカ製品を好んでおります。［中略］

あなた方が、アメリカの輸出貿易の報告書をごらんになってみるとわかりますが、現在まで、アメリカは、中華民国に対してよりも日本に対して多く輸出して来たことに、かならずお気づきになることでありましょう。これはたしかな事実なのです。しかし、もし、ひとたび日本が、経済的優位を確保したら、日本は、もはやアメリカの原料、綿、あるいは、多くの製品までも、買わないようになるであろうことに、お気づきでしょうか？

（一九三八年三月十九日、宋美齢から母校ウェルズリー・カレッジへの手紙、同前）

そして、日本に侵略されている中国の惨状を、婦女暴行や子供の命が奪われていることを強調して、「新生活運動」への協力、特に孤児救済運動への支援を呼びかけた。

私どもは、「避難民児童救済運動」を起こしました。私どもは戦争の痛手を受けた地域の戦災孤児を集めて、彼等を奥地にある孤児院に送り込んでおります。私どもの緊急の目標は、二万人の子供たちの世話をすることなのです。そして、時がたつにつれて、私どもは、できるだけ、多額の資金を集めることに腐心しなければならなくなりました。一年間に、一人の子供の食物、衣料、教育費として、米ドルで、二十ドルかかります。

私は、現在つづいている事態のありのままを申しあげて参りました。これは、真実なのでございます。ですが、がっかりなさらないでください。私ども中華民国人は意気盛んであります。私どもは、徹底的に戦いつづけます。そして勝利の女神が私どもに微笑んでくれることを願っております。（同前）

宋美齢の外国へのメッセージと母校への手紙による要請は、大きな反響を呼んだ。ウェルズリー・カレッジの卒業生には、有力者の夫人になった女性が大勢いる。彼女たちは夫を動かし、米国の政界、経済界、キリスト教会のネットワークを通じて、全米に協力を呼びかけ、支援の輪が広がった。その後の「婦女指導委員会」の広がりと充実ぶりは目を見張るものがある。

一九四四年の統計では、湖南、陝西《せんせい》、広東、河南、貴州、四川、綏遠《すいえん》、広西、甘粛、吉林、雲南、福建の一二省で新生活運動婦女工作委員会が設立され、首都重慶などでは、教育部、政治部、軍政部など三四の新生活婦女工作隊が結成された。この他に、アメリカではニューヨーク、サンフランシスコなど一〇の婦女指導委員会分会が設けられていた。各省・市新生活運動婦女工作委員会と政府機関の新生活婦女工作隊の責

Bridgeman Images/Aflo

ひさしぶりに公の場で顔を合わせた三姉妹の貴重な写真（1942年）

任者はほとんど各省・市と政府機関の最高責任者の夫人であり、アメリカにある分会の責任者は当地に駐在する中国大使館と領事部の最高責任者の夫人であった。

（前出『蒋介石と新生活運動』）

宋美齢は姉の靄齢に呼びかけて、「救国会」を指導する次女の慶齢ともども、三人で活動に取り組むことにした。ひさしぶりに公の場で顔を合わせた三姉妹は注目の的となり、救済活動はすこぶる順調だった。『宋美齢伝』によると、二年余りの活動の結果、一九三九年十月には二万人の孤児を養育した。養育費として毎月二十五万元の経費がかかったが、国家財政の中から供与された金額は総経費の四分の一に過ぎず、四分の三は外国からの寄付だったとされる。

だが、「婦女指導委員会」は、国民党と共産党の「抗日民族統一戦線」の縮図そのもので、互いに疑心暗鬼でいがみ合った。蔣介石と宋美齢は、共産党を支持する「救国会」などの共産勢力を封じ込めようとしたが、中国共産党は逆に、国民政府の活動団体に入り込むことで、内部から共産党の活動を拡大しようとしていた。

国民党と共産党の主導権争いが次第に激しくなり、「婦女指導委員会」の活動目的——傷病兵の治療、孤児の養育、その他の慈善活動など——が歪められていった。寄付金をめぐる対立も起きた。米国から送られてきた寄付金が宋慶齢の「救国会」へ届いたことから、宋美齢の「婦女指導委員会」と奪い合いになり、最終的に「救国会」は寄付金を「婦女指導委員会」へ引き渡すことで決着をみた。だがこの対立は、慶齢と美齢の姉妹関係に、もはや修復できないほど深刻な溝を生む結果になった。

第六章

宋美齢と日本外交の「宣伝戦」

海外メディアで繰り返しアピール

米国をはじめとして、海外へ向けた宋美齢のアピールは、一九三七年九月の対米放送だけではない。『わが愛する中華民国』には、ほかにも海外メディアを使った宣伝戦の一端が紹介されている。

一九三七年十二月、ニューヨークの「フォーラム」誌に、「中華民国は、その地位を保持する」と題して、日本の攻撃に対してアメリカの支援を期待しつつ、こう述べている。

私は、日本軍の爆撃機が、侵入して来る前に、この原稿を書いております。空襲警報は、十五分前に鳴ったからです。［中略］私どものいる上海を敵が爆撃しはじめたのは、二カ月以前からでした。その頃の民衆の苦しみは、形容のしようのないようなものでありました。［中略］

みなさんは、日本軍が、上海基地だけにも四百機（彼等は、全部で三千機以上を持っています）の飛行機を持っているのに対し、［中略］私どもの空軍は、できてからまだ五年しかたっておりませんし、その間に私どもは、新型の飛行機を扱う経験を欠いて、徒《いたず》らに時間を浪費してしまった、ということを覚えておいていただきたいものです。

こういうわけで、私どもは、日本軍に対し、十分な空中防御力を持たないので、やむを得ず、アメリカやその他の国へ、大量の注文をせざるを得なくなり、できるだけ早く飛行機を、予定の数だけ持ちたいと希望するにいたったのです。私どもは、日本に対してなにを望むべきかを知っております。ですが、私どもは、私どものもっとも悲観すべき気分のうちにも、それをいたしません。私どもはアメリカが、……と想像しています。

「……」の部分は、「支援してくれたらよいのに」と言う言葉を敢えて書かなかったのである。そして、時々刻々と日本軍の爆撃機が襲来して爆弾を投下する様子をドキュメント調で緊迫感を盛り上げ、アメリカが国際法を無視していることに失望したと揶揄する。

これ等のもろもろの恐怖は、文明の基礎そのものに対する脅威というよりほかはありません。また、別のことばでいえば、国際法に対する暴力的違反であって、これは、人間の安全、自己防衛を阻止する結果になり、さらに、私どもを、その膝下に引き据えようとする日本を援助する結果になります。正義のチャンピオンであるアメリカが、攻撃軍を助け、事実として、私どもを動揺させている非人道的行為を奨励することになってよいものでしょうか？

私どもは、アメリカの態度について、驚くとともに、国際連盟の規定による条約やら原則やらを忠実に遵守《じゅんしゅ》し、その結果、満州を失って苦しんでいる私どもは、こんにちまで、私どもが教えられ、いつかは、肩を並べたいとおもって来たアメリカに平手打ちを喰らったとおもわざるを得ません。［中略］

宣戦布告の伴わない戦争のもとで、法外な港湾の封鎖、中華民国は、日本の膝下に平伏すべきだと世界が宣言すること、私どもの国のいたるところで行なわれている、国民に対する非人道的な残虐行為といった行為は、私どもをひどく痛めつけております。

そして最後に、検閲下にある日本の状況と日本軍への批判を展開した。

もし、日本の民衆が、中華民国において起こっていることを知ったならば、軍人たちは、彼等の戦争——残虐行為はいうまでもなく——を続行することはできないはずです。日本最大の市場を破壊しつつあるのですが、それを彼等は、国民になにも知らせてはいないのです。［中略］

ですが当初は、軍人たちは、国民に対して、すべてのことは、一、二週間で終わり、日本は、軍人の計画に従って、豊富な収穫を得るであろう、ということを約束していたのです。［中略］上海における失敗を、彼等は、ほとんど語らず、彼等は、機械化された軍隊が、十分に効果をあげた、北部でのわが地方的軍隊に対する力を、色刷りの絵で、国民に誇示してみせていたのです。軍人が、彼等の地位を占めている限り、日本から、正義を期待することは、不可能なことなのです。

（「中華民国は、その地位を保持する」「フォーラム」掲載、一九三七年十二月、前掲書）

宋美齢の発言には、「支援してください」「お願いします」という懇願する言葉はない。媚《こ》びることなく、相手を揺さぶり、言葉巧みに共感を引き出して、相手から「是非とも支援させて欲しい」と言わせるような巧みな話術である。それは広い見識と鋭敏な国際感覚、深い洞察力を兼ね備えているからこそできることだろう。一方では、自信過剰で、虚勢を張り、すべてが真実だと思わせてしまう。一言で言って、卓越したアジテーターだ。

外国メディアを活用した日本批判は、英国に対しても行われた。一九三八年に英国のバーミンガム・ポスト紙に発表した記事には、「日本の大陸政策は世界の平和を脅かせ、英国の損失を招く」として、激しい日本批判を展開した。

日本は、一人の日本兵は、十人の中華民国兵に匹敵すると自慢しておりました。そして、また、日本に関する限りでは、三カ月以内に戦争は終わるということと、日本が、中華民国にあるもので必要とするものは、すべて日本の自由になるということを

明言したのであります。［中略］
　この戦争の結果は、どうなりましょうと、世界全体にわたって、広範囲に影響を、およぼすことは間違いありません。さらに重要なことは、それは、特にイギリス人の国家的、経済的将来と、大英帝国自治領の国民とに、間接的にはもちろん、直接的にも影響を持つことでありましょう。もし、日本が勝てば——民主主義諸国が、中華民国に、自衛のための必要な装備と軍需品を手に入れるために経済的便宜を図ってくれることを拒んで、中華民国の立場を苦しくするために、日本に加担するようなことがなければ、日本は勝つはずがないのでありますが——大英帝国の属領に対する脅威は、次第に加速度を増してゆくことでありましょう。［中略］
　日本の大陸帝国の総仕上げは、東経百十度にある中華民国と、シベリアはもちろんのこと、北緯二十度から南緯五十度、東経百十度の範囲内にあるすべての島——フィリピン諸島、東インド諸島、太平洋諸島、オーストラレーシア［オーストラリア、ニュージーランドほか南太平洋の島々］を意味しているのですが——を手中に納めることなのでありましょう。［中略］もし、民主主義諸国家が、油断をすれば、今日、中

華民国で行われていることが、明日、大英帝国自治領のどこかで行われるという可能性があるのであります。［中略］

世界平和は、相互の尊敬と、条約、法律、協定の相互の遵守と、義務とを履行しない者を懲罰するために、一丸となって行動する国家とがあってのみ齎《もたら》されるのでありま す。［中略］もし、これが行なわれなければ、全世界が、中華民国ではじまったように、無法状態に立ち返ってしまうでありましょう。そして、正義と、公正と、人間的品位が支配すべき場所を、残忍で、許しがたい残虐行為が占領してしまうことであ りましょう。

（英紙バーミンガム・ポスト、一九三八年五月初旬、前掲書）

その他、欧米メディアのインタビュー、武漢の米国人伝道者会議、英語版の出版物、英語による講演など、多数にのぼっている。

日米衝突を回避した斎藤大使のラジオ謝罪

宋美齢の精力的な海外メディア発信について、日本の内閣情報部の記録にもある通り、日本政府は深刻な脅威だと受け止めていた。

では、宋美齢と中華民国に対して、日本はどのような「宣伝戦」を展開したのだろうか。まず、内閣情報部の〝生みの親〟ともいえる「外務省情報委員会」の設立メンバーで、駐米日本大使の斎藤博《さいとうひろし》の奮闘ぶりを見てみよう。また、日本の情報機関が辿《たど》った変遷《へんせん》と、具体的な宣伝活動の例もご紹介したい。

一九三七年十二月十二日、日米関係を揺るがす重大事件が起きた。場所は中国の南京である。

南京市は二方を山に挟まれた細長い都市で、市区の面積は約四千七百平方キロメートル。長江に面して下関埠頭があるほか、陸続きの道は東側にあるのみで、その道を日本軍が攻撃してきた。蔣介石はすでに側近を引き連れて、長江の下関埠頭から船で南京を離れた後だった。

市街地にいた中国兵と市民は逃げ場を失い、長江沿岸へ殺到して大パニックが起きた。

後ろから日本軍が迫り、長江に阻まれた人々は船を奪い合い、後から押し寄せる人波に押し潰され、おびただしい数の死傷者が出た。遺体の山は高さ二メートルにも及び、さながら「地獄絵図」だったとされる。歴史的に物議をかもす「南京事件」である。事件の具体的な規模や犠牲者数は、今日でも論争が続いている。当時の南京市の人口は約二十万人であり、中国が当初発表した犠牲者は三万人だが、調査が進むにつれて犠牲者の数が増え、二十万人から三十万人、今日ではさらに五十万人の犠牲者が出たと言われている。

日本軍が南京を陥落させた日、長江ではもうひとつの重大事件が起きていた。日本ではあまり知られていないが、日本海軍の戦闘機が、長江に停泊していた米国砲艦パナイ号を誤爆して沈没させた「パナイ号事件（パネー号事件）」である。

パナイ号は、南京在住の米国人を避難させるため長江上流に停泊中だったが、日本の第三艦隊司令部の伝達不備から、日本海軍所属の上海航空隊が、第三国の艦船が南京附近から退避が完了していない事実を知らず、中国船だと誤認して空爆を行った。

パナイ号には米軍将校五人、兵士五十四人、米国大使館員五人、民間人十人が乗船していたが、爆撃によって死者三人、負傷者四十八人が出て、船は沈没した。パナイ号に護衛されていた米国のスタンダードオイル社のタンカー三隻も、同時に破壊された。

「米国砲艦、日本軍機の爆撃を受けて沈没す」――

米国へ第一報が伝わると、米国の人々は驚き、日本に対して憤る世論が高まった。

ワシントン駐在の斎藤博日本大使は、速やかに行動した。

米国政府に緊急の面会を申し込む一方、米国CBSラジオ局の放送枠を買い取ると、自らマイクの前に立ち、全米の国民へ向けて陳謝した。


お詫びして済むようなことではありません。ですが、損害については、お金で解決できる部分があるなら、日本政府はどんな条件にも応じる用意があります。米国政府とも十分に話し合うつもりです。日本は米国に比べるとはるかに貧しい国ですが、どのような犠牲を払ってでも、日本政府は今回の事件に対し、お詫びしたいと考えています。そして日本軍が再び誤った攻撃をしないよう、日本政府が陸海軍を厳しく監督するでしょう。

（「日米関係の改善に全力を尽くした斎藤博駐米大使」

松村正義著、『外交』Vol.1、2010年）

斎藤は三分五十二秒にわたり、生放送で切々と訴えた後、最後に石川啄木《いしかわたくぼく》の短歌の一節——働けど働けど、なおわが暮らし楽にならざり、じっと手を見る——を引用して、日本の貧しさを描写し、並々ならぬ覚悟で賠償することを誓い、誤爆であったことを心から陳謝した。

翌十三日、広田弘毅《ひろたこうき》外相は米国大使館に赴《おもむ》き、駐日米国大使のジョセフ・グルーに謝罪した。そして斎藤博大使へ電報を発し、コーデル・ハル国務長官への謝罪を指示。翌日、斎藤大使はハル国務長官に面会し、公式に遺憾と陳謝の意を表した。

最終的に、日本政府は米国の被った損害総額、二百二十一万四千七ドル三十六セントを支払い和解した。日米両国は戦争にならずに、事なきを得たのであった。

映像にも残された駐米大使

機知に富み、行動力ある斎藤博大使とは、どのような人物なのか。

斎藤博が四十九歳で駐米大使に抜擢《ばってき》されたのは、一九三四年の春のことで、ニューヨーク・タイムズ（一九三四年三月四日付）は、次のように報じた。

日米関係の困難な時期に、駐米大使の斎藤博は新鮮な風を吹き込んだかのように、東京からワシントンへ向けて希望ある関係をもたらした。

近現代PL/Aflo

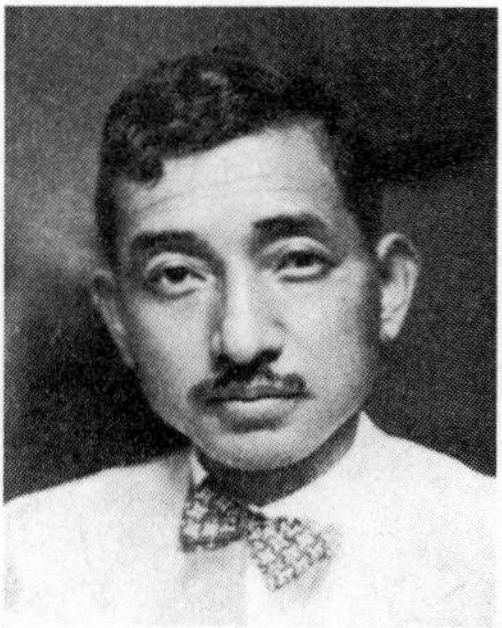

日米関係の改善に尽力した
斎藤博駐米大使

米国には、斎藤大使の赴任直後の映像記録も残されている。斎藤と妻が幼い娘ふたりと手をつなぎ、ワシントンのポトマック河畔を歩いてくる。斎藤はやせ形で長身、理知的な風貌で気品があり、妻は洋装の似合う慎ましやかな女性だ。

「駐米大使としての抱負は？」

と、メディアに聞かれて、斎藤はこう答えている。

「私はただ日本と米国のより良い関係を構築するために参りました」

低い声で穏やかな語り口だ。柔和な表情のなかにも強い意志が感じ取れる。日本語訛りの強い英語だが、こなれた印象を受ける。米国メディアが彼に好意的だったのは、第三十二代米国大統領のフランクリン・ルーズベルトと長く親しい関係にあり、忌憚《きたん》のない意見を交わし、お茶やポーカーを楽しみ、良好な日米関係に尽力してきたことが知られていたからである。のちに宋美齢が頼みとしたルーズベルトと斎藤もつながっていたことに深い因縁を感じる。

斎藤博は一八八六年、岐阜で生まれた。父の斎藤祥三郎《しょうざぶろう》は元長岡藩士で、外務省の主任翻訳官を務めた人物だった。そのため博は幼い時から英語に親しみ、父の薫陶を受けて育った。東京帝国大学法学科を卒業後、一九一〇年に高等文官試験に合格し、二十四歳で外交官補として米国に赴任した。

当時、ルーズベルトは二十九歳。ニューヨーク州議会の議員から海軍次官へ転任し、ワシントンで米国海軍に予備役部隊を設立しようと奮闘中だった。二人は意気投合し、日米の海軍事情や将来の国際外交について、毎日のように意見を交わし合った。

斎藤は八年にわたる勤務を終えて帰国後、結婚。妻となった美代子は長崎出身で、祖父の長與専斎《ながよせんさい》は医師で、日本に医療制度を導入した医学界の草分けである。また、美代子の母方の祖父は明治の元勲の後藤象二郎《ごとうしょうじろう》で、妹の仲子は五・一五事件で暗殺された犬養毅の三男・犬養健《たける》と結婚した。つまり、斎藤博と犬養健は義理の兄弟同士である。

斎藤は結婚後、駐英日本大使館三等書記官として赴任し、一九一九年、第一次世界大戦後の「パリ講和会議」に全権委員随員として列席した。

パリ会議で繰り広げられた〝日中激突〟

世界三十三カ国から七十人の全権代表と千人余りの随員が集まる中、国際連盟の創設と新たな国際体制作りが議論された。その席上、突如、中国代表の王正廷《おうせいてい》、顧維鈞《こいきん》が立ち上がり、山東半島の返還問題を持ち出して、日本を激しく非難した。山東半島はドイツの占領地だったが、第一次世界大戦でドイツがヨーロッパ戦に軍隊を派遣し、手薄になったところを日本が攻撃して奪っていた。

王正廷は孫文の広東軍政府代表で、ミシガン大学からエール大学へ転校した国際公法の権威。北京政府代表の顧維鈞はコロンビア大学で博士号を取得し、後に外交総長、国務総理に就任することになる中国の代表的な外交官である。

王正廷と顧維鈞は流暢な英語で舌鋒《ぜっぽう》鋭く日本を批判し、会場を圧倒した。

参加国はみな日本がどのように抗弁するのかと固唾《かたず》を呑んで見守ったが、全権代表の西《さい》園《おん》寺《じ》公望《きんもち》以下、稚拙な英語で、「まず一度日本へ譲渡した後、いずれ中国へ返還する」と、しどろもどろで弁明を繰り返すばかりだった。

日本を支持していた英国やフランスは失望し、日本を「サイレント・パートナー」と揶揄した。会場の外では、中国から動員された中国人たちが、「山東を返せ！」と、シュプレヒコールを大声で繰り返した……。

この経験から、全権代表の秘書役だった近衛文麿は、外交は「宣伝戦」が重要だと痛感して、若手官僚だった有田八郎《ありたはちろう》、重光葵《しげみつまもる》、堀内謙介《ほりのうちけんすけ》、斎藤博らに命じて、パリで「外務省革新同志会」を結成した。それが母体となり、二年後の一九二一年、原敬《はらたかし》首相の認可を得て「外務省情報部」が発足。斎藤博は三代目の外務省情報部長に就任した。

世界では、一九二〇年の国際連盟軍縮総会、一九二一年のワシントン海軍軍縮会議を経て、英国がついに「日英同盟」を破棄。日中関係は悪化の一途を辿り、中国侵攻により国際社会で孤立した日本は、一九三三年、国際連盟を脱退した。

その間にも、斎藤はシアトル領事、ニューヨーク総領事、オランダ大使などを歴任した後、一九三四年春に駐米特命全権大使としてワシントンに赴任したのであった。

世界中から信頼を失った日本を憂いた斎藤博は、英語の著書『Japan's Policies and Purposes（日本の政策と目的）』を刊行して、日本外交の立場と外交政策を説き、アジアの政治・経済の現状について詳しく紹介した。この著作は米国で広く紹介され、多くの人々に読まれたという。

そして前述した通り、一九三七年十二月、南京で「パナイ号事件」が発生したが、斎藤大使の迅速な対応により、日米両国は和解し、事なきを得たのであった。

斎藤の奮闘もあってか、米国メディアの論調は、日本に対する強硬論がある一方、米国は日中両国から一定の距離を保ち、「戦争には不介入」であるべきだとする主張や、「米国は中国から完全に撤退すべし」と主張するメディアもあり、比較的穏やかだった。一九三八年一月のギャラップ調査でも、米国国民の約七十パーセントが中国から完全撤退することを支持し、日中間の争いには「不介入」の立場を取っていたのである。

米大統領、国務長官に悼まれた死

長引く日中戦争で、米国との折衝に追われて心身を消耗した斎藤大使は、一九三八年夏、肺結核を発症し、急速に悪化した。近衛文麿首相から、宇垣一成《うがきかずしげ》外務大臣の後任に打診されたが、体調不良を理由に辞退した。外務省は、斎藤の深刻な病状を知って驚き、急遽《きゅうきょ》、大使の任を解いて帰朝命令を出したが、もう身動きできる状態ではなかった。一九三九年二月二十六日、斎藤は定宿にしていたワシントンのホテル・ショーラムで生涯を閉じた。享年五十三。

コーデル・ハル国務長官は、「理解と同情をもって日米友好関係のために尽力した」と、斎藤の死を悼んだ。

ルーズベルト大統領は、国賓《こくひん》としての最高の礼を尽くすための命令を発した。

三月十八日、米国メリーランド州アナポリスにある米国海軍兵学校（USNA）で、斎

近現代PL/Aflo

斎藤大使の遺体は米巡洋艦アストリア号で日本へと移送された

藤博元駐米日本大使の葬儀の式典が挙行された。
その日の様子が、海軍兵学校付属の米国海軍研究所が発行するレポート「海軍兵学校にある石塔」に、三枚の写真入りで記されている。

荘厳な葬儀だった。「アナポリスから出発する」とキャプションがついた写真には、遺体を載せた霊柩車を先頭に七台の黒塗りの車がつづき、正装の海兵隊員が両脇を固め、後ろにも長い隊列を組んで行進する様子が映っている。沿道にも海兵隊員が直立不動の姿勢で敬礼する中、遺体は連絡船に移され、セバン川河口に停泊した巡洋艦アストリア号へ乗せられた。

アストリア号が横浜港に到着したのは四月十七日。出迎えた妻と二人の娘、駐日米国大使夫妻と数人の米国人外交官、大勢の外務省関係者、それに幼友達の山本五十六《やまもといそろく》の姿もあった。翌、四月十八日、築地の本願寺で外務省葬が執り行われた。それは小村寿太郎《こむらじゅたろう》、杉村陽太郎《すぎむらようたろう》に次ぐ、三人目の外務省葬であった。

米国海軍兵学校のキャンパスには、十三層の石塔が立っている。台座に刻まれた英語を読むと、「この石塔は、米国の方々のご支援に厚く感謝の意を表すために、斎藤の妻と子供たちから米国海軍兵学校へ贈られた。一九四〇年十月」とあった。

「外務省情報部」から挙国一致の「情報局」へ

こうして日本の「宣伝戦」は、斎藤博らがパリで結成した「外務省革新同志会」を萌芽《ほうが》として、一九二一年の「外務省情報部」から始まった。外務省が国際会議における外交的対処を目的として、世界に駐在する大使館、領事館から情報収集を強化し、国際世論の動向を把握・分析するために組織されたのである。

その後の変遷を追ってみよう。

一九三二年、関東軍が「満洲国」を建国すると、米国から日本への非難の声が高まり、外務省は対外情報戦略の方針変更を迫られた。外務省はそれまで陸軍省と一線を画していたが、陸軍省、陸軍参謀本部との情報交流を強化するため、連絡会議「時局同志会」を結成し、非公式の情報宣伝機関として「情報委員会」を組織した。一九三六年、「情報委員会」は格上げされて「内閣情報委員会」となり、内閣書記官の指揮の下で、外務省の対中戦略と宣伝活動を担った。その間にも、外務省と陸軍省の間では主導権を巡って、水面下で熾烈《しれつ》な綱引きが行われるようになっていた。

一九三七年、日中全面戦争が勃発したのを口実にして、陸軍省は戦時体制の強化をはかり、世論の統制と思想の統一を進めるべきだと主張して、外務省との間で大議論を展開した末に、優位に立った。

陸軍省は、「内閣情報委員会」を「内閣情報部」へと名称を変更して、情報収集と報道の一元化をはかり、国民に対する啓発宣伝活動などを行う中枢機関と位置づけた。国際宣伝のためのメディアとして「同盟通信社」を設立したのも、この年である。

『情報宣伝研究資料』は、一九三八年十二月に「内閣情報部」が刊行したものだが、その復刻版を出版した柏書房の「総合解題」には、次のように解説されている。

「情報宣伝研究資料」を中心とする資料は、戦前の「国家情報機関」である内閣情報部が情報宣伝活動の手引きとして翻訳刊行したものである。［中略］

特色の一つは「総力戦」を前提とする「思想戦」の立場を色濃く反映しており、とりわけ第一次大戦の敗戦国ドイツの文献を中心としていることである。「研究資料」を含めた資料十六本のうち、ドイツ語からの翻訳が十二本、英語からのものが三本、外務省独自の編集が一本である。［中略］

「総力戦」「思想戦」という言葉が、我が国ではとりわけルーデンドルフなど敗戦国ドイツの所説を通じて普及した経緯が改めて確認できる。この「情報宣伝研究資料」が刊行開始された一九三八年にはルーデンドルフ『国家総力戦』が参謀本部・間野《まの》俊《とし》夫《お》少佐によって翻訳されている。そこでルーデンドルフは次のように述べている。

「新聞、ラジオ、映画、その他各種の発表物、及び凡《あら》ゆる手段を尽くして、国民の団結を維持することに努力すべきである。政治が之《これ》に関する処置の適切を期する為には、人間精神の法則を知り、それに周到なる考慮を払わねばならない。」

（『内閣情報部情報宣伝研究資料』第八巻、津金澤聰廣著、佐藤卓己編、柏書房、一九九四年）

まさにこの「情報宣伝研究資料」こそ、こうした目的のために作成されたものといえよう。

つまり、宋美齢や中国政府が展開した「宣伝戦」が、海外メディアを利用した「外向きの宣伝」だったのに対して、日本は「国民精神総動員」政策の下、「総力戦」「思想戦」を目的として、国内の情報収集と言論統制、国民に対する啓蒙運動、マスコミ統制など、ひたすら「内向きの宣伝」に没頭していたのである。

一九四〇年十二月、「内閣情報部」は昇格して「情報局」に改称し、内閣直属の情報機関となった。しかし、大本営陸軍部と海軍部は互いに牽制し合い、それぞれ独自の「報道部」を設置して情報収集に奔走した。その結果、「情報局」は無用の長物となり、内務省の出先機関として国内の検閲業務だけに終始した。

一九四五年夏、日本の敗戦に伴い、「情報局」は同年十二月に廃止された。

日中戦争の宣伝戦「思想戦展覧会」

今日、「内閣情報部」や「情報局」の具体的な活動状況はほとんど知られていない。日中戦争中には、『週報』、『写真週報』など多数の刊行物を刊行したり、「極秘」扱いの資料を豊富に内部発行したりしてきたが、敗戦直前に多くが焼却された。

ただ、一九三八年に重要な宣伝活動として、「思想戦展覧会」が実施されたことが内部資料から分かっている。二〇二三年春、偶然のことから、私は神田の古書店で『思想戦展覧会記録図鑑』を入手した。「思想戦展覧会」の開催時に内部発行された資料集である。

『思想戦展覧会記録図鑑』の表紙は茶色の布地張りで、厚さ一・五センチ、縦二十六センチ、横十九センチで、本文はB5判の豪華な本だ。奥付には、昭和十三年（一九三八年）十二月二十五日発行、発行者は内閣情報部で、「非売品」とある。

ページを開くと、「任重而道遠」（責任は重く、道は遠い）という近衛文麿の書があり、数枚の写真が掲載されていた。秩父宮《ちちぶのみや》殿下、賀陽宮《かやのみや》殿下ならびに妃殿下、若宮殿下、近衛文麿首相、荒木貞夫《あらきさだお》大将が参観した時のものだ。目次の次ページに、「展覧会開催経過概要」があり、展覧会の開催の「目的」が、次のように記されている。

国家の興隆は、国民思想の健全に在り。而して思想戦《しこう》は、現代国際角逐場裡《かくちくじょうり》において、外交戦、経済戦、武力戦等と共に、平時及び戦時を通して行わるる闘争形態にして、その優劣勝敗は、国家隆替《りゅうたい》の岐《わか》るる所なり。したがってここに［中略］日本精神の昂揚に努め、みだりに外来危険思想に乗せらるることなからしめんとす。

平たく言うと、「思想戦」は国際社会では「外交戦」「経済戦」「武力戦」とともに重要な戦闘形式であり、国家の勝敗を決するものである。国家の興隆は国民の健全な思想にあるから、決して外来の危険思想に乗せられないようにせよ、という意味である。

展覧会の会期は一九三八年二月中旬から十日間、東京日本橋の高島屋八階ホールで開催されたのを皮切りに、大阪、京都、福岡、佐世保、佐賀、熊本、大分、札幌、京城（朝鮮総督府）など各地を巡回し、最終地の京城での開催は、十月十五日から二十四日となっている。これからすると、展覧会は約八カ月間にわたり、日本と日本の統治下にあった朝鮮半島の都市で盛大に開催されたわけである。

参観動員数は、東京で一日平均七万人（合計百三十三万人）、佐世保で一日平均二万八千四百人（同、二十五万五千六百人）、大分で一日平均一万二千九百人（同、十二万九千人）、京城で合計二十七万人とあり、その他は「報告なく不明」である。この数字を合計すると百九十八万四千六百人になり、この展覧会を見た人は少なくとも二百万人近くいたことになる。

会場入り口には、「武器なき戦ひ　世界に渦巻」という文字と、「思想戦展覧会　内閣情報部主催」という看板が、当時としては最先端の「電飾」で光り輝き、大いに人目を惹いたようだ。

展覧会では、どのようなものが展示されたのだろうか。記録写真が逐一掲載されている。「日本精神の高揚」「燦《さん》たり日本精神」「思想戦とはなにか」「宣伝思想の発達」「内閣情報部、ドイツ・イタリア宣伝省の組織」などの展示があり、解説がついている。「世界大戦と宣伝戦」のジオラマもある。

展示会場を進んでいくと、世界の宣伝戦の紹介ブースがあり、実例が展示されている。スペイン、ドイツ、中国の抗日諸資料やバッジ、ポスター、教科書、雑誌、ビラなどが展示されている。また、ソ連（ロシア）とコミンテルンの紹介やポスター、中国共産党、朝鮮共産党、アメリカ共産党など、各国の共産党組織の宣伝文やポスターもある。そして最後に、「国民の一人一人が思想戦の戦士となり得る」と題して、国民精神総動員ポスター類が展示されていた。

ちぐはぐな日本と凄まじい抗日戦

写真を一枚ずつ丁寧に見ていくと、世界の宣伝工作の実態が理解できて、興味深い。特に中国の多種多様な抗日ポスターや宣伝ビラから、日本に対する抵抗の強さがうかがわれる。中でも目を引いたのが、「シャーリー・テンプルに求訴する中国児童の手紙」である。

親愛なるお友達のシャーリー・テンプルさん
私達は貴女の映画を見るのが好きだし、また貴女も好きです。［中略］貴女、支那の恐ろしい戦争の事お聞きになりまして？　現在大変たくさんの支那の子供は皆食べるものも、着る着物も、住む家もなく、可愛がって下さるパパ・ママもない有様です。乱暴な日本兵がパパ・ママを皆殺しにし、また日本の飛行機がその家をすっかり爆撃したからです。本当に苦しんでいるのです。私達は今この飢え凍えている友達を救おうと一心になっています。ですが私達の力は限りがあります。
親愛なるお友達よ。どうぞ貴女もこの仕事に加わって下さい。もし貴女がアメリカのお友達と連絡して支那児童の忙しさを助けに来られたなら、本当にうれしいです。またどうぞアメリカで児童に関係のない団体にも私達の事を言って下さい。［中略］お送りしました写真は私達が貴方を愛する印ですが、喜んで下さいますかしら。どうぞお大切に。

貴女の支那の友達　陳娟娟、黎鏗

十月十日双十節［中華民国の建国記念日］に送る

（同前）

米国映画の子役スター、シャーリー・テンプルに宛てて、中国の子供が救いを求めたとされる手紙を、駐中米国領事館がテンプル本人に直接電報で送ったことを伝える新聞記事である。宣伝効果は抜群で、米国では大反響を呼び起こした。

この手紙に限らず、蔣介石・国民政府の対米外交、対外宣伝は巧みである。そして宣伝活動の集大成ともいうべきものが、宋美齢が渡米して行った米国議会での演説であった。

第七章

全米を魅了したファーストレディ

元米兵の義勇軍「フライング・タイガース」

ここまでに、宋美齢が放送や演説、電報を通じて、いかに米国を中心とした世界に対して日本の非道と残虐性を訴えていたかを見てきた。だが、宋美齢が対米政策で果たした役割は宣伝戦だけにとどまらない。戦局を大きく左右するような米国からの支援を引き出すことに成功している。

その一つが、米国人パイロットによる傭兵《ようへい》軍団「フライング・タイガース」である。「フライング・タイガース」という名称は中国語の「飛虎」から来ているが、この傭兵軍団の獲得にも宋美齢が一役買っている。

一九三五年、国民政府行政院に航空建設委員会（のちに航空委員会と略称）が設立された。蔣介石が委員長を兼務し、宋美齢が秘書長に就任したが、実質的な職務は彼女ひとりが行った。やがて宋美齢は「空軍の母」と呼ばれるようになり、彼女自身も、「私の空軍」と誇らしげに口にするようになった。

中国では当初、イタリア人アドバイザーが中国人パイロットを養成していたが、効果が上がらず、機体も近代化を図る必要があった。そのため蔣介石は宋美齢を通じて、米軍からアドバイザーを雇用しようと考えた。

一九三七年、盧溝橋事件から二カ月後の九月、米軍パイロットのクレア・シェンノートが中国へやってきた。まだ四十四歳だったが、難聴を患ったため、退役することに決めていた。蔣介石は経験豊富なシェンノートを航空参謀長として手厚く迎え入れ、月給千ドル（現代の日本円に換算して約一千二百万円）という、当時としては破格の雇用契約を結んだ。契約期間は三カ月だったが、その後、宋美齢は八年間にわたり彼との契約を延長した。

シェンノートは確かに中国のために役立った。着任早々、彼は「中国軍は、優れた戦闘機百機と優れたパイロットがいれば、日本軍の脅威を退けることができる」と、蔣介石に豪語した。

蔣介石主席から親書を手渡されたシェンノートは米国へ帰国すると、ルーズベルト大統領に親書を手渡し、戦闘機百機とパイロット百名、地上要員として二百名を募集することを許可された。ただし、日米両国は中立関係にあるため、米軍のパイロットを公に派遣するわけには行かず、身分上、米軍を退役した体裁を取り、義勇軍という格好で中国と雇用契約を結ぶよう命令された。

シェンノートは高給を提示して志願者を募り、最終的にパイロットと地上要員合わせて百人が集まった。だが熟練者は少なく、三分の一は訓練不足のために、シェンノートは休日返上で訓練するはめになった。しかし、彼の訓練はあまりに厳しく、離脱者が続出した。それでも少数の義勇軍兵士が残り、国民政府の飛行部隊の中核になった。

一九三八年、日本軍は航空爆撃によりポルトガル領マカオを占領し、中国沿岸部の港湾を海上封鎖したことから、国民政府の海上補給路が断たれた。残された補給路は、フランス領インドシナ、イギリス領ビルマ、タイを経由する山岳地帯の陸路のみとなり、「援蒋《えんしょう》ルート（ビルマ・ロード）」と呼ばれた。その陸路もしばしば日本軍の空爆で寸断されたことから、英米両国から提供された食糧や武器、弾薬などの物資援助は、空路を使って細々と続けられた。

「フライング・タイガース」は、ビルマのラングーンと重慶を結ぶ三千二百キロの「援蔣ルート」の制空権を死守する使命を与えられた。

シェンノートは、一九四一年に日本軍航空隊と初めて交戦し、中国からビルマにかけての空中戦で勝利した。だが、すでに太平洋戦争が始まり、米軍が正式に参戦したことから、「義勇軍」は浮いた存在になった。翌一九四二年七月、米軍は「フライング・タイガース」に対して解散命令を出した。

解散する日、宋美齢は米国人メンバー全員を集めて、彼らを「フライング・タイガー・エンジェル」と呼んで敬い、心から感謝の意を伝えた（前出『宋美齢伝』）。

スティルウェル中将と十五億ドル借款

一九四一年十二月、日本の第一次、第二次「長沙作戦」により国民政府軍は多大な損害を被り、蔣介石は復興費用として五億ドルの借款を米国に申し入れた。春には財政援助として五千万ドル要請していたので、それに続く借款だった。

ジョセフ・スティルウェル陸軍中将がルーズベルト大統領の命を受けて訪中した。彼に与えられた任務は、蔣介石・国民政府を支援しつづける価値があるかどうかを見極め、彼に軍事指揮権を与えるよう交渉することだった。

すると蔣介石は、彼に軍事指揮権を与える代わりに、さらに十億ドルの借款を交換条件として持ち出してきた。

スティルウェル中将は、ルーズベルト大統領に報告書をしたため、「蔣介石は無能で、米国が支援する価値なし！」と結論づけた。しかし、一九四二年二月、米国議会は借款の議案を通過させた。

蔣介石にとって、これは天から降ってきた贈り物に他ならなかった。

Universal Images Group/Aflo

米国による巨額支援の交渉役となったスティルウェル中将と蔣夫妻

十五億ドルという巨額の資金を手に入れた蔣介石は、資金の一部を日中戦争のために軍需品の購入に振り分けたが、大部分の資金は共産党討伐のための準備金として蓄積してしまったのである。

蔣介石とスティルウェル中将は「水と油」の関係だった。傲慢で癇癪持ち、高飛車な物言いをするスティルウェルに、蔣介石は反感を覚えていた。スティルウェルも、国民政府の汚職体質と蔣介石の身勝手なやり口に腹を立て、二人はあからさまに対立した。

訪米のきっかけは「病気治療」

当時の米中関係において、宋美齢が果たした役割で最も大きかったのは、米国議会での名演説とその後に行った全米講演旅行だろう。その二つの活動を通じて、彼女の人気が沸騰して、中国への同情と支持を得ることになったのである。

だが、それは宋美齢が最初から意図したことではなかった。

米国軍人や政治家、中国に駐在する米国外交官たちの中には、もともと宋美齢のファンが多かった。蔣介石と会談したりパーティーで同席したりするたびに、いつも蔣介石の傍らで通訳する宋美齢を見てきた。上流階級の使う英語と機知に富む話術、聡明で理知的で独特な見解を持ち、艶やかなチャイナドレス姿と神秘的な黒い瞳の彼女に魅惑された。それにも増して、彼女は中国の最高権力者の蔣介石主席の夫人なのだから、政治的な影響力も絶大だ。

蔣介石が一言いえば、彼女は三言、十言、即座に英語に訳してみせる。「あれは蔣介石の意見ではなくて、宋美齢の考えではないか?」と疑う人も少なくなかったが、「彼女は私の永遠の女神だ!」と、公言して憚《はばか》らない米国人外交官もいたほどだ。

だが、宋美齢にとって米国人との交際はストレスが多く、中国内陸部の南京や重慶、さらに奥地の成都など、高温多湿な気候と不衛生な環境が耐えがたかった。いつしか疲労が積み重なり、全身の激しい痛みと強い倦怠感《けんたいかん》に襲われ、過呼吸の症状に見舞われるようになった。四六時中つづく激しい歯痛にも悩まされた。

憔悴しきった彼女を見た米国人たちは口を揃えて、

「是非、米国で治療に専念してください」

と勧めたが、彼女はウンと言わなかった。

蔣介石も、彼女が自分の傍らから離れることを承服しなかった。

だが、毎晩ベッドで苦しみもがく姿を見るに見かね、「あれはがんなのではないか」と心配する周囲の言葉を聞くうち、蔣介石もいよいよ不安が募った。当時はがんは「不治の病」と決まっていたからだ。

そうした折に、ルーズベルト大統領夫妻から手紙が届いた。「宋美齢夫人が病気治療のために訪米するなら、万全を期してお迎えいたします」という、好意的な内容だった。米国で治療すれば快癒するかもしれず、米国政府との親善が深まり、中国に対する援助も順調に進むに違いないという期待感が、蔣介石の背中を押した。

一九四二年十一月十八日、宋美齢は医師と看護婦を従えて、米国政府が差し向けた特別専用機に搭乗し、米国へ向かった。

飛行経路は、成都から出発して、戦地を避けるためインド（当時）のカラチ、スーダンを経由し、ブラジル東北部、英国領ギアナから、米国のフロリダへ向かうという大きな迂回ルートだった。フロリダから北上してニューヨークへ到着したのは、出発から十日目の十一月二十七日であった。

宋美齢は米軍の空港からマンハッタンへ向かい、米国で最も評判の高いプレスビテリアン病院（現コロンビア大学病院）に直行すると、別名を使って入院した。米国政府はホワイトハウスのシークレット・サービスを派遣して警護に当たり、治療が終わるまで厳重な報道規制が行われた。

治療に当たったのはコロンビア大学医学部のロバート・ローブ教授とダナ・アチリー教授の二人だった。ローブ教授は糖尿病とアジソン病（慢性原発性副腎皮質機能低下症）の研究で知られる著名な医学者・生理学者。アチリー教授は内科医で、厳密な検査と正確な診断で定評がある医学界の権威だった。

二人はすぐに宋美齢の精密検査を行い、病状の原因を突き止めようとしたが、はっきりした疾患が見つからなかった。病状は一進一退を繰り返し、入院生活は二カ月近くに及んだ。

報告を受けたルーズベルト大統領夫人のエレノアは、二月初旬、ワシントンからニューヨークへ行き、宋美齢を見舞った。エレノアは初対面の宋美齢に対して、「私の娘のようです」と、親愛の情を口にした。宋美齢は顔色も良く、エレノアの目にはかなり回復しているように見えた。

宋美齢は、「歯科治療が終わったら、是非ともホワイトハウスを訪問させてください」とエレノアに告げて、ワシントンでの再会を約束し合った。

議会演説までの電報のやりとり

宋美齢は約二カ月半に及ぶ治療と休養を終えると、激痛に悩まされた日々から解放された。医師は制止したが、彼女はどうしても退院してワシントンへ向かうと宣言した。仕方なく、医師は睡眠導入剤、皮膚抗炎症薬、鎮痛剤、栄養剤などの薬を用意すると、十分な休養を取り、対外活動を制限してゆっくり休むようアドバイスして、退院させた。

宋美齢は米国でも、蔣介石との連絡を絶やさなかった。以下は、米国到着の翌日から入院期間中、さらに退院後、米国議会で演説するまでの約四カ月にわたり、蔣介石と宋美齢が交わした電報の記録である。

一九四二年
十一月二十八日電、「ニューヨークの蔣夫人から蔣［介石、以下同］委員長へ、入院の報告と見舞いに来たルーズベルト大統領夫人との談話内容」
十二月四日電、「ニューヨークの蔣夫人から蔣委員長へ、ルーズベルト大統領夫人と戦後世界の女性労働問題などに関する談話内容」
十二月二十四日電、「ニューヨークの蔣夫人から蔣委員長へ、［ハリー・ロイド・］ホプキンスとアフリカの戦時及びソ連の戦後への期待などに関する談話内容」［ホプキンスはルーズベルト大統領の側近で、商務長官］

一九四三年
一月二日電、「ニューヨークの蔣夫人から蔣委員長へ、ホプキンスが来訪し我が国の軍事状況及び中国国内の重要な戦争情報を通電するよう依頼あり」
一月（日付不詳）電、「ニューヨークの蔣夫人から蔣委員長へ、ルーズベルトとチャーチルの非公式会議へ私［宋美齢］が招待されなかった感想、及び積極的に軽、重工業を発展させて自国を強化すべきと私が主張する内容」

一月二十九日電、「重慶の蔣委員長から蔣夫人へ、ルーズベルト、チャーチルの非公式会議に対する見方と我が方の持つべき態度」

二月五日電、「ニューヨークの蔣夫人から蔣委員長へ、米国陸軍航空軍司令官の「ヘンリー・」アーノルドが謁見に来たか否か、及び経過の状況を至急連絡されたし」

二月五日電、「ニューヨークの蔣夫人から蔣委員長へ、ルーズベルト大統領より太平洋会議でビルマ方面についての状況報告と意見の提供依頼あり」

二月九日電、「ニューヨークの蔣夫人から孔祥熙夫人へ、米国各地での講演と宴会の日程を速やかに連絡したし」

二月十二日電、「重慶の蔣委員長から蔣夫人へ、ルーズベルト大統領宛て書簡の大意並びに米当局からアーノルドへ今回の訪中は成果がなかったと婉曲に通告することを要請」

二月十二日電、「重慶の蔣委員長から蔣夫人へ、米国議会での演説で注意すべき要点を指示する」

二月十三日電、「重慶の蔣委員長から蔣夫人へ、続けて米国議会での演説に供する参考の点」

二月十三日電、「重慶の蔣委員長から蔣夫人へ、米国議会で講演する際の態度及び太平洋問題と戦後のアジアにおける経済的地位の重要性を強調すべきことを指示する」

二月十三日電、「重慶の蔣委員長から蔣夫人へ、百年来の米国の対中姿勢について告げる」

二月十六日電、「重慶の蔣委員長から蔣夫人へ、米国議会及び各地での講演はそれぞれ電報で通知した内容を順守すること」

（『中華民国重要史料初編——対日抗戦時期　第三編　戦時外交（一）』）

これらの往復電報を見ると、入院当初は宋美齢から蔣介石に宛てた電報が多かったが、次第に米国と中国の情勢に関する内容が増え、米国議会で演説する日が近づくにつれて、蔣介石から宋美齢に宛てた電報が増えて細かい指示が伝えられている。蔣介石は、宋美齢の議会演説を極めて重要視して、米国に対する宣伝効果に期待するとともに、中国への最大限の支援を得ようとしていたのである。

ハイドパークのルーズベルト邸にて

宋美齢は退院した後、エレノアの招きに応じて、ニューヨーク州北東部の小さな町ハイドパークにあるルーズベルト大統領の別邸で、六日間の休養を取った。

邸宅はハドソン川東岸の小高い丘の上にあり、芝生が敷き詰められた庭からハドソン川が一望のもとに見渡せた。

フランクリン・ルーズベルトは一八八二年、このハイドパークで富豪の家に生まれている。子供の頃は家庭教師を雇って勉強し、十四歳になると名門グロトン高校に進学し、一九〇四年にハーバード大学に入学した。

遠縁にあたるセオドア・ルーズベルト大統領（当時）の姪、エレノアと結婚したのは大学二年生のときである。すでに亡くなっていた父に代わり、結婚式で花嫁エレノアの手を取ったのは、セオドア・ルーズベルトだった。

フランクリンはハーバード大学を卒業後、さらにコロンビア大学法学大学院で学んで、ウォール・ストリート法律事務所に就職した。やがてニューヨーク州議会議員に選出され、民主党内で頭角を現すと、一九一三年、海軍次官に任命され、一九二〇年には民主党全国大会で副大統領候補に選出。大統領候補のオハイオ州知事のジェームズ・コックスとタッグを組んで選挙戦を戦ったが、共和党のウォレン・ハーディングに大敗を喫した。

エレノアは結婚後、ハイドパークの邸宅に住んで五男一女をもうけ、幸せな家庭を築いていた。選挙戦で惨敗したフランクリンは、静かな環境で疲れを癒《いや》しつつ、再起を願って態勢の立て直しを図っていた。

ところが一九二一年、フランクリンが三十九歳になったある日、突然病魔に襲われた。朝起きると、両足が麻痺して動かなくなったのだ。医師は手を尽くしたが、原因が分からず、治療の方法も見つからなかった（のちにポリオと判明）。悲しみと不安、恐怖と絶望にかられたフランクリンは、政界から引退し、邸宅に閉じこもった。

そんな時、フランクリンを支えたのはエレノアだった。彼女は以前と変わらない日常生活を送るよう心掛けて明るくふるまい、夫を励まし、惜しみない愛情を注いだ。長く辛いリハビリの日々にも、常に夫に付き添った。

少しずつ落ち着きを取り戻したフランクリンは、再びニューヨークで弁護士の仕事を再開し、ニューヨーク州知事に選出された後、大統領選に出馬。一九三三年、第三十二代アメリカ合衆国大統領に就任して、一九四五年まで十二年間にわたって四期務め、米国の大統領史上最も任期が長い大統領となった。

Universal Images Group/Aflo

ホワイトハウスの前で、ルーズベルト大統領夫人エレノアとともに

宋美齢は、ハイドパークの邸宅で過ごした六日間、邸内をゆっくり見て回った。

天井や壁に美しい装飾が施された邸宅だった。応接室にはエリザベス様式の美しい家具が置かれ、ルーズベルト家に代々伝えられてきた十八世紀の骨董品が飾られている。

ハドソン川が眺められる庭園には石造りの白いベンチが置かれ、春になれば、きっと目にも鮮やかな緑の芝生と赤いバラが咲き誇るはずの美しい風景を想像させた。

宋美齢が、最も興味を惹かれたのは書斎だった。

壁一面に作りつけの書棚があり、部屋の中央にアンティークの木製デスクと皮張りの肘掛椅子があった。ガラス扉つきの書棚に近づいてみると、ルーズベルト大統領の演説原稿が飾られていた。初稿の原稿ばかりか、第二稿から第六稿まであり、ルーズベルト大統領自身が書き込み、練りに練って原稿を書き上げた様子が手に取るように分かり、深く印象に残った。

黒いチャイナドレスで臨んだ米国議会演説

一九四三年二月十八日──。

宋美齢は米国議会の上下両院で、それぞれ演説を行った。

彼女はロング丈の黒いチャイナドレスを身にまとい、飛行機をかたどったダイヤのブローチを胸につけて臨んだ。ブローチは、米国の援助で組織化された「フライング・タイガース」に感謝し、「私の空軍」であることを誇示するためのものだった。

上院議会では、かねて蔣介石と綿密に打ち合わせ、完璧な演説原稿を用意していたが、宋美齢は長文の原稿を見ることもなく、流暢な英語で流れるように演説した。

米国史上、議会で講演した外国人女性は、オランダのウィルヘルミナ女王に次いで、宋美齢が二人目であった。宋美齢の演説は、四大ラジオ局を通じて全米に生中継された。

次いで、下院議会に招かれた。議長から紹介を受けて壇上にあがると、「一言だけでよいから」と、なんの打ち合わせもないまま懇願された。彼女はこう切り出した。

大統領、米国下院議会の議員の皆さま、紳士淑女の皆さま……

皆さまが米国国民を代表して、この度、私に示してくださった熱烈で誠実な歓迎に対して、深く感謝の意を表します。本日は下院議会で皆さまにお話しすることになるとは知らず、ただ皆さまにご挨拶だけするものと思っておりました。［中略］

私は演説には不慣れで、名演説家でもありませんし、また演説する勇気もございません。でも、先日ハイドパークに滞在して、ルーズベルト大統領の書斎を拝見させていただきました。そこで見たものに、私は大いに励まされましたので、少しだけお話しさせていただきます。どうかあまり期待なさらないでね！

（『中華民国重要史料初編——対米戦時期第三編、戦時外交〈一〉』）

宋美齢はそう軽口を叩きつつ、上院議会での大上段に構えた政治的な演説とはまるで異なる柔らかな口調で、ルーズベルト大統領が推敲《すいこう》を重ねた演説原稿の話を紹介してから、こう言った。

でも、昨日大統領に伺ったら、第六稿どころか、最も多い時には第十二稿まで修正したことがあるとおっしゃるのですよ！

（同前）

演説の切り口のなんと鮮やかなことか。大統領の隠れた努力を取り上げて議員たちの興味を惹きつけ、さりげなく大統領を褒めたたえる。彼女の南部訛りの英語は、米国人に親しみを感じさせ、上流階級特有の優雅で上品な言い回しと表現が、聞くものに尊敬の念を

Getty Images

Super Stock/Aflo

米国議会で登壇した宋美齢。
演説後、拍手喝采を浴びた

抱かせる。米国人好みの冗談を交えて、リズミカルでテンポよく進められる話が、なんとも心地良い。そしてなにより、彼女は中国のファーストレディであり、「神秘の国」からやってきた高貴な〝お姫様〟なのである。

演説を終えたとき、興奮した議員たちは総立ちになり、割れるような拍手が鳴りやまなかった。

全米で歓迎、ファンレターの山に圧倒

全米各地から依頼を受けて、宋美齢が講演旅行に出たとき、米国国民で彼女のことを知らない人はもういなかった。

講演旅行に随行したのは、孔祥熙と宋靄齢の息子の孔令侃《こうれいかん》、次女の孔令偉《こうれいい》、国民政府宣伝部副部長（次長）の董顕光《とうけんこう》、中国大使館の外交官、秘書、看護婦、それに中国系新聞社と通信社の記者とカメラマン二人で、合計十人ほどだった。それに加えて、米国政府が派遣したシークレット・サービスが身辺警護に当たり、米国政府情報局と一般メディアの記者とカメラマン六人が同行したため、物々しい大所帯になった。彼女の行動は逐一米国政

府へ報告されただけでなく、全米ネットワークを通じて事細かく報道され、雑誌や映画ニュースもそれを追った。

講演日程は分刻みだった。

二月二十八日、ヘンリー・ウォーレス副大統領に付き添われ、米国最古のメソジスト教会で礼拝した後、夜、ワシントンを列車で発ち、翌三月一日早朝にニューヨーク着。アストリア・ホテルに入り、市長レセプションに出席して講演。レセプションの途中、疲れが出て失神したが、ホテルで休息を取った後、夜はチャイナタウンで五万人の華僑歓迎会に出席した。

三月二日、講演会場のマディソン・スクウェア・ガーデンへ向かう宋美齢の車列が、五番街を通りかかると、彼女の姿を一目見ようと、高層ビルの窓という窓から人々が顔を出し、大歓声が起こり、色とりどりの紙吹雪が大雪のように降り注いだ。その様子を撮影した米国の記録映像が残っている。

翌三月三日、華僑団体の会合に出席。四日は、ニューヨーク市長主催の招待宴。五日には、ウォールドルフ・アトスリア・ホテルで記者会見。

そして三月六日にニューヨークを発ち、ボストンへ移動して、中国支援団体から一万ドルの寄付金を受け取った後、母校のウェルズリー・カレッジを訪問して講演。翌々日、ボストン市長主催の歓迎式典に出席して、ニューヨークへ帰着。

十日ほど休養した後、三月十九日にシカゴへ行き、中国総領事主催の歓迎宴出席。二十日、記者会見の後、米国人資産家から十万ドルの寄付金を受け取った。翌二十一日には、チャイナタウンを訪問した後、シカゴ・スタジアムで二万三千人の聴衆に向けて講演。その晩には大陸横断鉄道の豪華寝台車に乗りこみ、西海岸のサンフランシスコへ向けて移動するという、強行スケジュールである。

西海岸でも歓迎の嵐で迎えられた。サンフランシスコでは、三月二十五日から五日間、各種歓迎宴に出席して、サンフランシスコ市公会堂で一万人を集めて講演した。

講演の最終予定地であるロサンゼルスに到着したのは、三月三十一日だった。市庁舎で歓迎式典に参加した後、米国陸軍による歓迎パレードに参列し、アンバサダー・ホテルに投宿。翌日の四月一日、ハリウッド映画界のスターたちが集まる歓迎レセプションに参加

AP/Aflo

ハリウッド・ボウルでの講演。3万人が宋美齢の演説に聴き入った

した。四月二日は記者会見。さすがに疲労困憊《こんぱい》して、その後の演説は取りやめになった。

そして四月四日午後、最後の大舞台となったのは、山々に囲まれたすり鉢状の有名な野外音楽堂・ハリウッド・ボウルでの、三万人の聴衆を前に行った講演だった。さすがに体力の限界に達した宋美齢は、座ったまま演説した。花束を持って壇上に上がった来賓から、立ち上がって花束を受け取ることもできなかった。もはや過労でもうろうとした状態で、ホテルに戻ると数日間こんこんと眠り続けた。

ようやく持ち直した彼女は、ワシントンを再訪する予定をキャンセルして、ニューヨークへ戻り、冬はスキー場になる保養地ベア・マウンテンで静養した。

その間にも、全米から宋美齢に続々とファンレターが届いた。講演旅行に随行していた董顕光・宣伝部次長は、ファンレターの受付窓口を開設し、中国大使館と中国新聞社の記者たちが総出で整理に当たったが、毎日千通以上も届くファンレターの山に圧倒されて、整理しきれなかったという（「宋美齢訪米外交成功の背後」土田哲夫著『中国への多角的アプローチⅢ』斎藤道彦編著）。

六月末、宋美齢は静養先のニューヨークを発ち、マイアミ経由で帰国の途についた。

第八章

「四巨頭」からの失墜

米国実力者につながる「プロテスタント」という共通項

宋美齢の全米講演旅行の効果は絶大だった。米国国民は宋美齢の言葉を介して、中国という国のイメージを作り上げた。悲惨な状況に置かれている中国に同情し、侵略国である日本への印象が悪化して、日本を非難する声が高くなった。

米国の世論は政府を動かし、ルーズベルト大統領は「戦争不介入」の方針を撤回して、正式に中国支援策を打ち出すために、長年の貿易相手国であった日本への石油の輸出停止に踏み切った。

それにしても、宋美齢の演説はなぜそれほど影響力をもったのか。前にも述べたが、英語が流暢で、中国のファーストレディだったからという理由だけでは説明がつかない。

実は、宋美齢の背後には、米国の政治と世論を大きく動かした二人の実力者の存在があった。そして二人は、宋美齢を陰から支え、彼女を利用して自分が望む方向へと時代の流れを導こうとしていたのである。

Getty Images

ルーズベルト大統領に迎えられた宋美齢（1943年2月）

実力者の一人は、フランクリン・ルーズベルト大統領である。

ルーズベルト家の家系を見ると、父方の祖父はオランダ移民で、米国の建国に深く関わったことを誇りとしていた。一方、母方の祖先であるデラノー家はフランス系で、十九世紀に清国で阿片《アヘン》貿易を手広く扱って、巨万の富を築いた。

フランクリンの母親であるサラ・デラノーは頑《かたく》なな性格で、難産の末に生まれたフランクリンは一人っ子だった。両親は再婚同士だったが、父親には前妻との間に息子があり、孫もいた。そのため、フランクリンと父の関係は、親子というより祖父と孫に近いものだったようだ。

母はフランクリンを溺愛する一方、厳格で教育熱心で、すべてを支配した。こうした母子関係から、フランクリンは生涯にわたって、母親の強い影響を受けたと言われている。そして彼は本能的に「強い女性」に憧れ、従おうとする気性を持つに至ったのではないかと思われる。

こんなエピソードが残されている。一九四三年、宋美齢は米国上下両院で演説を行う前後の数日間、ルーズベルト大統領夫妻の賓客としてホワイトハウスに招かれて滞在していた。ある日の夕食の席で、ルーズベルト大統領が宋美齢に質問した。

「もし中国の炭鉱で労働者がストライキをしたら、蔣介石主席と夫人であるあなたは、どう対処するでしょうか？」

すると、宋美齢はマニキュアを塗った長い爪をした人差し指を自分の喉に当て、黙って横にスイと引いた。その所作は「解雇する」という意味ではなく、「処刑する」という意味だ。同席していた人たちは驚愕し、一度に座が白けた。ルーズベルト大統領は苦笑いしてエレノア夫人に目配せし、「今の、聞いたかい？」と、冗談めかして言ったという（前出

『宋美齢伝』)。

このエピソードは、宋美齢の冷酷さを物語る話として、中国ではよく知られているが、ルーズベルト大統領の目には、自分の母親に通じる「強い女性」だと映り、恐れと同時に尊敬の念を抱いたかもしれない。

フランクリンの母は熱心なプロテスタント教徒で、フランクリン自身もプロテスタント(福音派)である。第二章で述べたように、宋美齢の父・宋耀如は十代で米国社会に飛び込み、プロテスタント・福音派の運営する神学校で学び、宣教師になった。そして宋家は次女の宋慶齢を除いて、みな熱心なプロテスタント教徒になり、宋美齢と結婚した蔣介石も、プロテスタント教徒になった。

宋美齢の宗教観

宋美齢はかつて米国「フォーラム」誌に「私の宗教観」と題して寄稿したことがある。

私は生来、少なくとも、ふつうに受け入れられている意味では、宗教的な人間ではありません。［中略］私は、多少懐疑的なのです。私は、信念、信条、不死などというものは、いくらか想像的なものだとおもって来ました。［中略］ですが、なんとしたことでしょう。こんにちでは、私は、教会通いが、なにかすっかり根を降ろした慣習――一種の安定感――のようになってしまっているのですが、この点は、私の父母に感謝しております。［中略］

しかし、神の意志を知り、その通りのことを行なうためには、真摯《しんし》さと正直さとが必要とされます。政治的生命には、虚偽と外交と機宜《きぎ》の措置が必要です。ですが、私のもっとも堅く信じていることは、人を欺くような虚偽、巧妙な外交、より大きな措置よりも、単純な、弱身のない真摯さと正直さと真実がなににも増して、最大の武器になるということであります。［中略］

結論的にいえば、私にとっては、神は、きわめて単純なものなのです。それは、全心全魂をもって、神の意志を実行することに努力をするということにすぎないのです。私は、神は、私に、中華民国のために働くという任務を与えたのだと、感じております。

（米国「フォーラム」誌、一九三四年三月掲載、前出『わが愛する中華民国』）

宋美齢の「宗教観」は時期によって変化しているが、一九三四年の段階では、彼女は、「全身全魂をもって、神の意志を実行することに努力」し、「神は、私に、中華民国のために働くという任務を与えた」ことを、公言しては憚らなかったのである。

宗教は、それを信じる人にとっては、生きること自体の意味を持ち、国籍も人種も越えて、互いに深く結びつくものである。フランクリン・ルーズベルト大統領が、中国と深く結びついたルーツを大切に思い、後発的に植え込まれた「強い女性」への恐れと尊敬から、自信に満ちた宋美齢の宗教観を聞いて深く感動して、彼女の望むことを全力で支えたいと願ったとしても、不思議ではなかっただろう。

「タイム」誌の創刊者も強力な後ろ盾に

もう一人の実力者は、「メディア王」としてその名を知られたヘンリー・ルースである。一八九八年生まれのヘンリー・ルースは、米国で最も影響力のある雑誌「タイム」の創刊者だ。彼は「タイム」誌以外にも、「ライフ」「フォーチュン」「スポーツ・イラストレイテッド」など多くの雑誌を生み出したほか、ラジオ番組やニュース映画を制作して、一九三〇年代の米国にジャーナリズムの息吹を芽生えさせ、活字文化を広めた。

ヘンリー・ルースは中国の山東省生まれである。父は長老派の宣教師で、一八九七年に清国へわたり布教活動に従事して、三十一年間中国に住みつづけた。ルースは、十歳で中国内陸伝道教会（現・国際福音宣教会）が設立したミッションスクールの芝罘《ズーフー》学校に進学した。この学校は一九五一年、中国で社会主義政権の中華人民共和国が誕生した後、閉校になった。

ルースは十五歳になったとき、米国コネチカット州にある名門私立のホチキス高校に入学して、学内誌「ホチキス・リテラリー」の編集に携わった。親友のブリトン・ハデンとは、生涯にわたって良きパートナーになり、二人は揃ってエール大学に進学すると、そこでも一緒に学生新聞エール・デイリーニュースを発行した。大学卒業後、ルースはオックスフォード大学で一年間の歴史研究をした後、シカゴ・デイリーニュース、ボルチモア・ニュース・アメリカンの記者を経て、二十三歳で退社。そしてハデンと相談してエール大学の仲間を数人誘い、ニューヨークでタイム社を設立すると、雑誌「タイム」を創刊した。

雑誌「タイム」は反骨精神にあふれた雑誌で、政治批判と時代批評を売りにして知名度を上げ、ジャーナリズムの嚆矢《こうし》となった。一九三〇年代には、世界で最も権威ある雑誌だとみなされていた。

だが、ルースはクセの強い人物だった。独断的で頑固で、遠慮会釈なく部下を叱った。やがて部下たちは次々に離れていき、彼をヒトラーになぞらえて「独裁者」と罵《のの》った。

フランクリン・ルーズベルト大統領とルースは、敵対関係にあった。

雑誌「タイム」を中心とするジャーナリズムが政府批判を強めたことで、一九四三年、米国政府は米国メディアに対して、戦時下の現地取材を一切禁止したのである。日本に同情的な記事をしばしば掲載していたニューヨークタイムズも、政府寄りの記事を掲載せざるを得なくなった。

米国国内に限定された取材合戦のなかで、共和党の有力メンバーだったヘンリー・ルースは、生まれ故郷の中国で起こった日中戦争の行方に強い関心を抱いたが、現地取材に行けずに悶々とした日々を送っていた。中国で共産党勢力が拡大しつつあり、国民政府が劣勢に立たされていることにも、強い苛立ちを感じていた。

そうした折に、国民政府のファーストレディである宋美齢が、米国へやってきた。彼女は華々しく米国上下両院で演説して喝采《かっさい》を浴び、全米各地を回って講演旅行を行う予定だと情報が入った。

「これは米国の世論を盛り上げる絶好のチャンスだ」

ルースは、そう思ったにちがいない。

彼は、自社のあらゆる雑誌を使って宋美齢の発する一言一句をつぶさに掲載し、あらゆる活動の様子を報じ、ラジオ放送で伝え、記録映画にまとめて、全米でくり返し放映した。

「タイム」誌の表紙には、一九二七年の「蔣介石と宋美齢の結婚記念」の顔写真が掲載されて以降、一九五五年までの二十八年間に、蔣介石と宋美齢の二人の写真がなんと十一回（宋美齢単独では四回）も掲載されている。

ルースは米国世論を盛り立てる一方、米国議会へ圧力をかけるために「チャイナ・ロビー」に資金を投じて動かし、中国の国民政府を援護しつづけた。

その一方、ルースは子煩悩な男だった。再婚した女性の子供も実子も分け隔てなく育て、「セーブ・ザ・チルドレン」など、多くの慈善事業の活動を支援した。戦時下の中国で、宋美齢が行っていた戦災孤児の養育に関しても、積極的に資金援助を行った。

ルースの死後、息子のヘンリー三世は父の遺産の一部を、台湾の台中市にある東海大学に寄付した。今日でも、東海大学のキャンパスには、ルースの功績を讃えて命名された「ルース礼拝堂」が建っている。

ルーズベルト大統領と「メディア王」ヘンリー・ルースは、政治的に互いに対立しながらも、「共産党嫌い」では一致し、国民政府を絶大に支持したのである。

政界とメディア界という二大分野のリーダーが、それぞれの立場から米国を動かし、時代の潮流を自分の望んだ方向へと誘導していった。二人は熱心なプロテスタント教徒である点でも共通している。宗教こそが米国の政治・経済・文化を背後から動かす「真の支配者」であったことを忘れてはならないだろう。

対日・戦後処理を話し合った「四巨頭」

宋美齢の対米外交における「最後の花道」となったのは、「カイロ会談」である。「カイロ会談」は、一九四三年十一月、エジプトのカイロで行われた米・英・中三カ国の首脳会談で、第二次大戦の連合国による対日方針と戦後処理について話し合われた。その内容は、十二月一日、「カイロ宣言」として公表された。

会談では、「日本の皇室の存廃は日本国民の決定に委ねる」「日本の無条件降伏」「満州・台湾・澎湖《ほうこ》諸島を中華民国へ返還する」「朝鮮は自由な独立国とする」などが話し合われ、終戦直前に出された「ポツダム宣言」にそのまま引き継がれ、敗戦後の日本を統治した連合国の基本方針となった。

この「カイロ会談」に参加したのは、米国のフランクリン・ルーズベルト大統領、イギリスのウィンストン・チャーチル首相、中華民国の蔣介石主席の三人だった。そのため、この首脳会談は後に「三巨頭会談」とも呼ばれて、三首脳が並んで椅子に座っている写真が多く出回っている。

だが、中国人社会では、この三人に宋美齢を加えて、「四巨頭会談」として認識されている。確かに、彼女も三人と並んで椅子に座っていた。今日でも、台湾では四人並んだ「四巨頭会談」が記念切手に採用されているほどである。

　宋美齢は蔣介石の通訳として会談に参加していたが、寡黙《かもく》な蔣介石が自分の考えを十分に表現できないことを心配するあまり、話の先回りをして、通訳以外に補足と説明を加えていた。

「四巨頭会談」の写真は台湾で記念切手に採用されている

　ルーズベルト大統領は会談後、「私には蔣介石の考えがちっとも分からなかった。後から考えると、私が蔣介石について知っていることや彼の考えとは、全て蔣夫人を通して知ったことばかりで、彼女はどんな問題についても答えていた」と、感想を述べている（前出『宋美齢伝』）。

　チャーチル首相も、「彼女は非常に特殊

でかつ魅力的な人だ」として、強烈な印象を受けたとメディアに語っている。

カイロ会談最終日の『蔣介石日記』には、「今日、夫人〔宋美齢〕は十一時にルーズベルト大統領を訪問して経済問題を話し合い、ホプキンス商務長官が辞去するまで、十時間も休みなく話し合い、神経を高ぶらせたまま一言もおろそかにしなかったせいで、〔夜〕十時には疲労困憊して、これまで見たこともないほどだった」と記した（同前）。

宋美齢は、戦後処理に向けた国際交渉の場でも、蔣介石に代わって重責を担ったのだ。

蔣介石の不貞と宋美齢の怒り

「カイロ会談」から半年後の一九四四年夏、重慶であらぬ噂が立った。蔣介石の元妻だった陳潔如が激戦地の上海から重慶へ避難してきて、蔣介石と逢瀬を楽しんでいるという噂だった。

陳潔如は一九二七年に蔣介石が宋美齢と結婚する際、米国のコロンビア大学に留学させて、とうに縁を切っていたはずの女性である。だが人の口に戸は立てられない。当時、重慶に駐在していた米国の情報提供者は、米国国務院へ向けて報告した。

目下、重慶では蔣氏の家庭が紛糾しているという噂が飛び交っています。蔣氏に情婦がいることはだれでも知っていますし、蔣夫人との間で少なからず緊張した関係にあることが取り沙汰されています。

政府要人の私生活は、本来は政治報告の範囲ではありませんが、中国は例外です。噂の対象になっているのは独裁者で、夫人の実家とは無関係ですが、蔣委員長と［夫人の兄である］宋子文の対立は少なからず緊迫しているうえに、夫人は傲慢で拘りの強い気性ですので、夫［蔣介石］と決定的に決裂すれば、王朝がまるごと分裂する危険性があり、中国にとっても外国にとっても取り返しのつかない打撃となるでしょう。もし現在の状況が国外に知れわたれば（早晩そうなるでしょうが）、蔣委員長夫妻の威信は大きく傷付くことは間違いありません。［中略］

夫人は目下、蔣委員長にこの話をするとき、「あの女」とだけ言い、蔣委員長が「あの女」に会いに行く時だけ、入れ歯を入れていくことを恨んでいます。

一度、蔣委員長の寝室に夫人が入っていくと、ベッドの下にハイヒールが転がっているのを発見して、窓から放り投げたところ、兵士の頭に命中してしまったとのことです。蔣委員長は一度、四日間も姿を見せませんでしたが、それは夫人と口論の末、頭を花瓶で殴られて傷を負ったためでした。［中略］

しかしながら、多くの見方では、権力を失うことは宋一族にとっても損害が大きく、彼ら（孫文夫人の宋慶齢を除いて、長女・宋靄齢の夫である孔祥熙も）は、全力で決裂するのを回避しようと尽力したことで、蔣夫人もようやく矛《ほこ》を収めたとのことです。

（前出『宋美齢伝』）

これはあくまで噂に関する報告書だが、実際もその通りだったようだ。一九四四年八月十二日、蔣介石は国民政府総務部交通課を通じて、党と軍の最高幹部を招集すると、茶話会を開いて弁解したという。

今、世間では私が蔣夫人を裏切り、陳なにがしという女性と親密な関係にあると噂になっている。そんなことはまったくない。国内外の反対勢力が、国民党の威信を傷つけ、抗戦に不利益をもたらすために流したデマだ。みなも知っている通り、私と蔣夫人は神聖な宗教で結ばれていて、革命の伴侶でもある。［中略］

現在の局面は非常に厳しく、今年は抗戦で最悪の年であり、私と蔣夫人は危機感を共有し、一致団結して奮闘し、最後の勝利を勝ち取ろうとしている。（同前）

それを聞いた側近の一人は、なぜ戦時中の重大な時期に最高幹部を招集して、こんな話をするのかと、怪訝《けげん》に思ったという。

翌日、宋靄齢と娘夫婦は、医師から病気治療を勧められていた宋美齢を誘って一緒に重慶を離れ、ブラジルへ飛んだ。ブラジルでは靄齢の懸案だった投資案件の処理を済ませ、九月六日、全員でニューヨークへ移動した。靄齢と孔祥熙は、このとき中国に保有していた巨額の資産を南米へ移したと噂された。

宋美齢はニューヨークで、二年前にも入院したプレスビテリアン病院に一カ月ほど入院した。その後、マンハッタン北部のリバーデールにある孔祥熙の邸宅に移った。邸宅からはハドソン川が眺められた。

中国では、宋美齢はもう祖国に戻ってこないのではないかと、噂になった。

その間にも、世界は動いていた。

一九四四年五月、連合国軍はイタリアを制圧し、次いでドイツも一九四五年五月に降伏した。残る枢軸国は日本だけになった。

ルーズベルト大統領が脳出血で倒れたのは、そうしたときだった。大統領の権限は、副大統領のハリー・S・トルーマンが急遽引き継いだ。

一九四五年八月、米国は広島、次いで長崎に新開発の原爆を投下し、二十万人もの命を一瞬にして奪い去った。その惨状を目にした天皇は終戦の詔勅《しょうちょく》を発して、「ポツダム宣言」を受け入れることを国民に伝えた。

国共内戦激化で財政は「火の車」

宋美齢は、日本が降伏したと聞いて、矢も楯もたまらず帰国した。

連合国の一員として、戦わずして勝利した蔣介石・国民政府は、祝勝に沸いていた。十月十日、国民党の蔣介石と共産党の毛沢東《もうたくとう》は会談し、「双十協定」――大都市は国民党が接収し、小都市は共産党が接収する――に調印した。だが、実際のところ、協定は守られず、全国各地の土地を争うようにして接収し、早い者勝ちの様相を呈した。

唯一、接収できなかったのは香港だった。

蔣介石・国民政府は、一九四一年から香港を占拠していた日本が敗北したのだから、当然中国側に返還すべきだと主張したが、米国は秘かに英国と約束を交わして、戦後の香港を再び英国領とした。

一九四六年五月、勝利に酔いしれた蔣介石は、宋美齢とともに南京へ飛び、再び首都を南京に戻すことを宣言した。第二次世界大戦が終結したことで、ようやく中国にも平和が戻ったと、だれもが安堵した矢先に、「国共内戦」が勃発した。ゲリラ戦に長けた共産党は手強く、国民党軍は苦戦した。

その半年ほど前の一九四五年十二月、トルーマン大統領はジョージ・マーシャル元参謀総長を全権特使として中国へ派遣した。

米国は、国民政府と共産党の和解工作に乗り出したのである。その理由は、国民政府に資金を投じて共産党を抑え込み、戦後復興の再建計画を一手に担って、経済的利益を得ようと考えたからだった。米国政府は今後も国民政府に支援物資を提供しつづけると宣言し、マーシャルの調停期間中にも、合計四十億ドルを国民政府に投入した。

さらに翌年の六月には、「対中軍事支援法案」を議会で通過させ、国民政府に対して引き続き武器と設備を提供し、軍事訓練を支援することが正式決定された。

ところが、米国の期待とは裏腹に、蔣介石・国民政府は共産党と和解するどころか、さらに激しい攻撃を加えて、国共両軍の対立はいよいよ激化した。やがて国民党軍の劣勢が明らかになるに連れ、国民政府の財政は「火の車」になった。もはや火を消す術は見つからなかった。米国はマーシャルを召還した。

国家予算を食い物にした「四大財閥」

一九四七年、宋靄齢が病気治療のために渡米すると、夫の孔祥熙は中央銀行総裁、中国農業銀行董事長《とうじちょう》など、ほとんどの公職を辞して、靄齢の後を追って渡米した。

一九四四年以来、行政院代理院長として経済問題を担当してきた宋子文は、もはや経済の立て直しは不可能だと悟って、一九四七年に辞職した。

外交官の顧維鈞は回想録の中で、宋子文についてこう記している。

宋子文の辞職は、経済問題だけが原因ではない。背後には蔣委員長との長年にわたる確執があった。公務を遂行する上でも二人はそりが合わず、とても要職にある者同士とも、親戚関係にある者とも思えないほどだった。事実、宋子文と蔣委員長の性格はまったく反対で、協力することなどできなかったのである。二人はいがみ合い、頑なで互いに譲らず、到底協力し合えるとは思っていなかったらしく、氷のように冷たい関係だった。

（『顧維鈞回憶録』顧維鈞著、中華書局、一九八七年）

富豪の御曹司《おんぞうし》で経済学博士号を持つ宋子文と、愚直で口下手な軍人上がりの政治家・蔣介石とでは到底理解し合えなかったようだ。だが、蔣介石は対米外交を考えるうえで、宋子文の力を必要としていた。一九四七年九月、宋子文は広東省主席に任命された後、さらに広東軍区の司令官にも任命された。

さて、ここに中国の四大銀行の資産に関する統計がある。

「四大銀行」とは、中央銀行、中国銀行、交通銀行、中国農民銀行の四つを指している。一九三七年版『中国銀行年鑑』によれば、四大銀行の資産総額と預金総額が全国百六十四銀行に占める割合は、ともに五十九パーセントで、完全な寡占状態である。しかも、一九三四年から三七年までのわずか三年間に、二・二五倍に膨れ上がった結果である。

一九三七年とは、盧溝橋事件が発生した年である。そして日中戦争が泥沼化していくに連れ、四大銀行の保有資産の種類は、紙幣から外貨、さらに金へと移り変わっていく。

また、一九四〇年の段階では、四大銀行の保有する外貨と金が預金総額に占める割合はわずか一パーセントに過ぎなかったものが、第二次世界大戦が終結した一九四五年になると、なんと七十五パーセントまで膨れ上がっている。つまり、日中戦争や世界の大恐慌が吹きすさぶ時代にも、四大銀行には外貨と金が湯水のごとく流れ込んでいたのである。

これは何を意味するのだろうか。実は、「四大銀行」は財政部の直轄とされていたが、実質的に支配していたのは「四大財閥」――宋靄齢の夫・孔祥熙の孔家、宋子文の宋家、蔣介石の蔣家、それに陳果夫の陳家――だった。陳果夫は、すでに書いた通り、蔣介石と義兄弟の契りを交わした上海マフィアで、国民政府の諜報機関「ＣＣ団」の首領である。弟の陳立夫と二人で活動したことから、二人の名字「ＣＨＥＮ」の頭文字をとって命名されたが、残忍な手口で政敵を次々に暗殺することで、人々から恐れられていた。

陳伯達著『中国四大家族』によれば、一九四六年に蔣介石が米国の銀行に所有していた個人預金は、実に七億ドルにのぼり、米国以外にも、スイス、ブラジル、その他の国々に分散して預けていたという。また、「四大財閥」が海外に持つ資産総額は百億ドルから二百億ドルに達していたとも推定され、当時の中国のＧＤＰに匹敵する規模であったという。しかも、「四大財閥」の保有資産が膨らんでいく速度からすると、毎年国家予算を十パーセントずつ〝食いもの〟にしていた計算になるという。

もしこの数字が正しければ、宋美齢の対米外交や、宋子文による対英外交が効果を発揮して、米英両国から獲得した援助資金の中から、かなりの金額を着服していたことになる。

もっとも、世界の銀行は顧客の預金額を絶対に口外することはない。たとえ推定金額であっても、海外の預金総額を見積もるのは至難の業《わざ》である。同書が見積もった金額が正しいなら、それは中国国内に残された各種資料を根拠にしているものと思われるが、果たしてどんな資料を参考にしたのだろう。

蔣介石の原爆開発計画

ところで、終戦直後の中国では、水面下である極秘計画が進められていた。

「蔣介石の原爆開発計画」――。

私がこの話を聞いたのは、北京在住のある高齢の歴史研究者からだった。彼は一九八〇年代に国家主席の秘書を務めた高級幹部で、日々国家機密に属する仕事に携わっていたことから、過去の国民政府時代の極秘資料にも触れる機会があったという。半信半疑だった私は事実関係を調べ、次のような経緯があったことを突き止めた。

戦時中、米軍は日本攻略のためのアジア基地として、中国の首都・重慶に米中合同参謀本部を設置していたが、終戦直後、米軍は「原爆製造のために中国人科学者を米国へ派遣する気はないか」と打診した。

報告を受けた蔣介石は、日本に投下された原爆の威力に目を見張り、これがあれば中国共産党を滅亡に追い込めると考えて即応した。さっそく原爆開発計画が立案された。著名な科学者四人が集められて綿密な実施計画が作られ、若手研究者を五人選抜して米国留学へ派遣することになった。

一九四六年六月、国防部が新設された。国民政府は、国防部傘下の研究発展庁（第六庁）が統括する「ウラン抽出プロジェクト」に十二億元の国家予算を計上すると、国家最高研究機関である中央研究院物理学研究所に原子学実験室を設置し、北平研究院に原子学研究所を開設した。原子学研究所の所長に就任したのは銭三強《せんさんきょう》博士だった。

銭博士はパリ大学へ留学後、キュリー実験室でノーベル賞受賞者のキュリー夫妻の指導を受けて、フランス国立科学研究センターの主任研究員になっていたが、その職を辞して帰国し就任した。後の話だが、銭博士は一九五五年、中国共産党中央書記処の拡大会議で、毛沢東ら政府指導者に対して核について講義し、今日につながる中国の核開発の嚆矢となり、中国で「原爆の父」と呼ばれている。

地質探査も本格的に始まった。中央研究院地質研究所はすでに一九四三年に広西省鍾山県にウラン鉱脈を発見していたが、その後も中国各地で続々とウラン鉱脈を発見した。

これと相前後して、国民政府は米国政府の意向を受けて、日本にあるサイクロトロン（電磁式加速器）を入手すべく、顧毓琇《こいくしゅう》特使を派遣した。

終戦当時、日本にはサイクロトロンが四基（うち一基は建設中）あり、米国に次いで世界第二の「サイクロトロン保有国」であった。サイクロトロンの発明者は米国のカリフォルニア大学バークレー校教授で一九三九年にノーベル賞を受賞したE・O・ローレンス博士だが、日本にあった理化学研究所のサイクロトロンはローレンス博士の指導の下で設置されたとされ、一九三〇年代から四〇年代には、アイソトープの製造に欠かせない装置であった。日本が無条件降伏した後、米国は理化学研究所にあるサイクロトロンを、アジアの盟主と見定めた中国に譲り渡そうと考えていたのである。

顧特使は、マッカーサー将軍の専用機で日本へ行き、東京の第一生命ビルにある連合国軍総司令部（GHQ）でマッカーサー将軍に面会すると、サイクロトロンの引き渡しを求めた。だが、マッカーサー将軍は言った。

「残念だが、サイクロトロンはもう東京湾へ沈めて処分してしまった。しかし日本にまだ周辺機器がある。それをすべて渡しましょう」

顧特使は失望した。仕方なく、戦時中に原爆開発に携わった日本人研究者数人に聞き取り調査を行い、日本の原爆開発の実態を把握した後、一九四六年七月、サンフランシスコへ飛び、サイクロトロンの生みの親であるローレンス博士に面会して、サイクロトロンの製造を依頼した。

八月六日、ローレンス博士は蔣介石に宛ててペンを執り、「重量千トン、内径約百三十センチのサイクロトロン」の製造を引き受けると約束し、製造コスト二十五万ドルを見積もった。

蔣介石は帰国した顧特使から話を聞き、即座に倍額の五十万ドルを財政支出として計上する一方、すでに別の入手ルートも手配していた。

一九四六年七月、米国は戦後初めての核実験を南太平洋のマーシャル諸島ビキニ環礁で実施した。その実験にあたり、米国は同盟国であった英国、フランス、ソ連（当時）と中華民国を招待し、中華民国からは原子物理学者で中央大学教授の趙忠尭《ちょうちゅうぎょう》博士が参加した。

趙博士は核実験の視察後、だれにも告げずにワシントンへ直行し、駐米中華民国大使に面会した。すでに連絡を受けていた大使は人払いをすると、金庫から十二万ドルの現金を取り出し、趙博士に手渡した。実は、趙博士は蔣介石の密命を受けて、米国にある中古のサイクロトロンを購入する極秘任務を帯びていたのである。

その後の数カ月間、趙博士は八方手を尽くして物色した末に、理想的な中古のサイクロトロンを探し当て、購入した。だが、なにしろ大型実験装置は重量があり、分解して船で運ばねばならない。その手配に一年近く手間取った。待望のサイクロトロンを入手したことで、原爆開発計画がようやく稼働しようとした矢先、中国国内で事態が急変した。

一九四八年四月、第一期国民大会が挙行され、蔣介石が圧倒的多数で初代総統に選出された矢先に、国民党と中国共産党の内戦が激化し、国民政府は劣勢を強いられた。蔣介石はやむなくローレンス博士にサイクロトロン製造を発注するために計上した五十万ドルを、軍事費に流用せざるを得なくなった。

国民政府から次々に離脱者が出始めた。高級軍人も政治家も、沈む船から逃げ出す鼠のように、辞職するか、あるいは何も告げずに海外へ逃亡した。

蔣介石は、首都・南京から撤退する準備にかかった。北京の宮殿・故宮《こきゅう》にあった清王朝の書画骨董の中から選りすぐりの逸品だけをまとめて厳重に梱包すると、上海へ運んだ。国庫にあった金の延べ棒、株券や債券、現金も、骨董品と一緒に上海港に停泊させていた三隻の大型船舶に積み込んだ。

間もなく、国民党は中国共産党との三大戦役で大敗を喫した。首都・南京が陥落すると、雪崩《なだれ》を打つように次々に大都市が共産党の手に落ちた。残ったのは上海だけになった。一九四九年一月、蔣介石はついに中国大陸を捨てて、台湾島へ退避する決断を下した。

一九四九年十月一日、毛沢東は北京の天安門の楼上に立ち、中華人民共和国の建国を宣言した。皮肉な事態はその後に起こった。蔣介石が十二万ドルを投じて米国で購入した中古サイクロトロンの船積みが遅れ、ようやく上海港へ到着したのは一九五〇年だったのである。毛沢東が思わぬ置き土産に喜んだのは当然だったろう。

蔣介石・国民政府が巨額を投じた原爆開発計画は、そのまま中国共産党に引き継がれた。貴重な資源として残ったのは人材である。五人の米国派遣留学生のうち、ミシガン大学で物理学の博士号を取得した朱光亜《しゅこうあ》は帰国後、中国国防省科学技術工業委員主任を務め、中国工程院院長に就任した。コロンビア大学で化学博士号を取得した唐敖慶《とうごうけい》は、今日の中国で「量子化学の父」と呼ばれている。シカゴ大学で物理学博士号を取得した李政道《りせいどう》は、米国の最重要機密を知る研究者と認定されて米国を出国禁止となり、コロンビア大学教授に就任した。シカゴ大学へ留学した楊振寧《ようしんねい》も李政道と同じく出国禁止になり、プリンストン高等研究所教授に就任、一九五七年に李政道とともにノーベル物理学賞を受賞した。彼は二〇一五年に米国の市民権を放棄して、中国籍を再取得した。

現在の中国は強大な核保有国になり、世界に核の脅威を見せつけている。しかし、その高い技術力は、蔣介石・国民政府の遺産の上に成り立っていると言っても過言ではない。大いなる歴史の皮肉というべきだろう。

第九章

挫折の台湾時代

痛手となった「ルーズベルトの死」

時間を少し巻き戻そう。国民政府軍がまだ敗退するより前の一九四八年、米国では新たな中国支援策が打ち出された。総額五億七千万ドルの対中援助計画を議会に提出したのである。もっとも、これは経済支援と民間支援に制限するもので、軍事支援ではなかった。トルーマン大統領は、国民政府に「限定的な援助」を与えることで政権を存続させ、少なくとも中国全土の共産化を防げるものと期待していた。中国大陸に「二つの中国政府」を併存させようとしたのである。

だが、蔣介石・国民政府が切望したのは、共産党を圧倒的な軍事力で制圧するための軍事支援だった。さらなる軍事支援を取り付けるためには直談判しかないと考えた蔣介石は、妻の美齢に、米国へ行って米国政府と会談し、緊急に軍事援助を取り付けるよう依頼した。

宋美齢は旧知のマーシャルに国際電話をかけた。前年、マーシャルが訪中した際には、誠意ある態度で、「いつでも米国へいらしてください。歓迎します」と言っていたからだ。

だが、電話の向こうからは、「個人の資格で米国へいらっしゃるなら、お迎えしましょう」と、すげない言葉が返ってきた。それでも一縷《いちる》の望みをかけて渡米することにした。

一九四八年十一月、美齢は病気療養を名目に、米国へと旅立った。

駐米中国大使の顧維鈞は、宋美齢が訪米すると聞き、米国政府の反応を探ってみたが、かんばしいものではなかった。ニューヨークへ到着した美齢は、旧知の米国軍人や米国政府関係者、中華民国大使館を通じて、トルーマン大統領に会見を申し込んだが、だれの対応も冷淡だった。親しかったルーズベルト大統領が死去したことは、宋美齢にとって大きな痛手となった。待てど暮らせど、米国政府から色よい返事は来なかった。顧維鈞と幾度も相談したが、打開策を見いだせないまま時間が過ぎていった。

樹木に囲まれた孔祥熙の邸宅は疲れ切った美齢の心を癒し、ニューヨーク滞在は長期間にわたった。

かくして蔣介石は台湾へ退去した

国民政府軍は共産党との三大決戦で大敗を喫し、退却に次ぐ退却を強いられ、蔣介石はついに中国大陸を離れて台湾島へ退避する決断を下した。

一九四九年一月、蔣介石は国民政府総統の職位から「引退」すると宣言し、側近と精鋭部隊、数万人の兵士を従えて台湾へ撤退した。

元「フライング・タイガース」の米国人メンバー数人と、国民政府に留用された日本人兵士十数人も同行した。国民党軍の一般兵士たちは、岸を離れる船に小舟で追いすがり、甲板から降ろされた縄梯子《なわばしご》に群がってよじ登り、命からがら台湾へなだれ込んだ。

蔣介石は台湾へ到着すると、国民政府総統に「復職」すると宣言して、政治体制の統廃合を進めた。こうして中国大陸に共産党政権の中華人民共和国、台湾に国民党政権の中華民国という「二つの中国」が出現することになった。


蔣介石は台湾で二度目となる「戒厳令」を敷いて、権力掌握に邁進《まいしん》した。

一度目の「戒厳令」は一九四七年二月二十八日に布告された。第二次世界大戦で敗北した日本の手から台湾を接収するため、中国大陸から国民政府軍がやってきたときのことだ。

国民政府軍の軍規は乱れ、強盗や万引き、強姦を繰り返した挙げ句に、道端で闇煙草を売っていた盲目の女性に暴力を振るった。見かねた民衆が止めに入ったことから乱闘になり、台湾全島で抗議行動が広がった。それを中国本土から駆け付けた国民政府の援軍が武力で鎮圧して「戒厳令」を敷いた。この事件は「二・二八事件」と呼ばれ、犠牲者数は一説には二万人前後だったとされるが、今日でも正確な数はわからない。

そして一九四九年、「国共内戦」に敗北した蔣介石・国民党軍が大挙してやってくると、再び「戒厳令」を発令した。

先の話だが、「戒厳令」は三十八年後の一九八七年まで続き、その後は「国家安全法」という名目に変わった。しかし「白色テロ」の横行による恐怖政治はつづき、台湾の人々は、自分たちを「台湾人」（台湾出身者）と呼んで、「外省人」（大陸からやってきた中国人）と区別して捉え、両者の間には深い溝が生まれた。台湾でようやく民主化が実現したのは、一九九二年、台湾出身の李登輝《りとうき》政権が誕生してからである。

蔣介石は「光復」のスローガンを掲げて、中国大陸の奪還に意欲を燃やしていた。元日本軍兵士による軍団「白団《パイトゥアン》」が組織され、日夜、軍事訓練に明け暮れた。一九五〇年代初頭には、連日爆撃機が台湾から飛び立ち、上海上空から爆弾を投下した。しかし時間の経過とともに、爆撃機の出動回数は次第に減っていった。

宋美齢からは、米国へ行ったまま一向に連絡がなかった。痺れを切らせた蔣介石は、何度も電報を打ち、長文の手紙で米国政府から色良い返事をもらうよう催促し、さもなければ台湾へ帰ってくるよう懇願した。

蔣介石を見捨てた「台湾不干渉声明」

米国は対中政策の再検討を迫られていた。

一九五〇年一月五日、トルーマン大統領は声明を発表し、アメリカは台湾海峡に関するいかなる紛争にも関わらず、中華人民共和国の攻撃があっても一切介入することはないとする米国の立場を明白にした。これは「台湾不干渉声明」と呼ばれている。

トルーマンがそのような声明を発表した背景には、ディーン・G・アチソン国務長官の進言と米国の国家安全保障の分析結果があった。アチソン国務長官は、一九四九年、マーシャルの後任として国務長官に任命されたばかりだったが、一九五〇年一月、米国ワシントンのナショナル・プレス・クラブで、「米国のアジア政策」と題して演説を行なった。これは今日の日本にとっても極めて重要な演説である。

太平洋の軍事的安全保障はいかなる状況下にあるか。また、それに関する私たちの政策とはいかなるものか。

まず第一に、日本を打倒し非武装化したことにより、アメリカは自国の安全保障ばかりか、全太平洋地域の安全保障のためにも、日本の安全保障のためにも、必要とあれば日本の軍事防衛を引き受ける義務を負っている。［中略］［米国の定める］防衛線は、アリューシャン列島に沿って日本、そして琉球諸島［沖縄］に至るものである。アメリカは琉球諸島に重要な軍事基地を保有しており、将来にわたって維持してゆくつもりである。そして琉球諸島の人々の利益のために、適切な時期に国連の信託統治下に置かれるべきものである。［中略］

この防衛線は、琉球諸島からさらにフィリピンまで延びている。アメリカとフィリピンは防衛関係で合意しており、相互防衛要件の重要性に鑑み、軍事防衛は忠実に遂行される。

［しかし］太平洋のその他の地域の軍事的安全保障については、何人も軍事的攻撃から防衛できる保証がないのは明らかである。たとえ保証したとしても、実際の国家関係においては、あまり賢明なことではないし必要なことでもない。

万一、そのような攻撃が起こった場合――どの国が軍事攻撃を行う可能性があるかは言いにくいが――まず抵抗すべきは攻撃を受けた国民でなければならず、その後に初めて、国連憲章の下で文明世界全体による関与に頼るべきである。［中略］

太平洋の安全と極東問題の軍事的配慮に熱中することは重要だが、他の多くの問題もあり、すべてを解決することはできないし、［共産主義が］太平洋地域の多くの国々に干渉し浸透を図っていることに対して、［米国がすべて］軍事的手段で阻止することはできない。［中略］我々が助けることができるのは、我々が望むべき場所と適切な条件がある場合にのみ可能である。

（Relations of the Peoples of the United States and the Peoples of Asia - We can only help where we are wanted", Vital Speeches of the Day, February 1, 1950, City News Publishing Co.,）

アチソン国務長官は演説で、「太平洋における共産主義に対する米国の防衛線」（不後退防衛線）として、アリューシャン列島から日本、琉球諸島（沖縄）、フィリピンをつなぐ線を提示した。今日では「アチソンライン」と呼ばれるものだ。ただし、その中に、韓国と台湾は含まれず、「米国の防衛圏から除外された」ことを示唆《しさ》した。

このアチソン演説を元に、トルーマン声明では、米国は台湾および澎湖諸島の戦略的重要性を認識し、外交的・経済的手段により中国からの支配は拒否する。しかし、米国は世界的な義務を果たすために軍事力を保持する必要があり、国民政府が主張している大陸反攻への軍事行動には加担できない。従って、「米国の防衛圏」に台湾を含めず、「国共内戦」には中立的立場を維持し、台湾への軍事介入にも不干渉の立場をとる――とする趣旨である。

この米国の方針転換は、今日の国際情勢にとって極めて重大である。国民政府が支配する中国を「大国化」してアジアの盟主へ育て上げようという考えを捨てて、代わりに日本を「アチソンライン」の米国の防衛圏内に置き、日本を防衛し、「大国化」してアジアの盟主として認めようというのだから、終戦からわずか五年目にして、米国は方針の大転換を図ったことになる。

米国への「別れの挨拶」——そして台湾へ

宋美齢は、トルーマン大統領の声明を聞いて、大きな衝撃を受けた。米国が蔣介石・国民政府を見捨てたのも同然だったからだ。即刻、蔣介石の待つ台湾へ戻ろうと決めた。二年近く暮らしたニューヨークを離れる直前、宋美齢は米国のラジオ放送を通じて、全米国民に「別れの挨拶」をした。

米国の温かい対応に感謝いたします。［中略］私たちは［アメリカの］ご支援があろうとなかろうと戦います。私たちは失敗したのではありません。数百万の同胞たちが今も全力で長期戦を戦っています。私たちは少しでも息が残っていれば、そして、神への信仰心があれば、私たちは奮闘していきます。一日でも一時間でも、自由のために戦うのです。私は数日内に中国へ戻ります。南京、重慶、上海あるいは広州へ戻るのではなく、我が国の人々がいる台湾島へ参ります。台湾は私たちのあらゆる希望のトーチカです。我が国を蹂躙《じゅうりん》する異質の民に抵抗する基地なのです。

（前出『宋美齢伝』）

台湾に到着した宋美齢が最初に行った活動は、一九五〇年三月一日、蔣介石の国民政府総統への「復職」宣言の式典参加だった。翌日、二人は中山堂で茶会に出席し、三日午後、十万人を集めた民衆大会に臨席した。

組織化された立法院の下で、陳誠《ちんせい》が行政院長に選ばれ、かつての国民政府の政治体制が、小さな南の島である台湾で復活した。このとき蔣介石は六十三歳、宋美齢は五十二歳。二人の新たな門出であった。

台湾での新居「士林官邸」

蔣介石と宋美齢は、台北市北部の士林《しりん》地区に建てられた官邸に住んだ。

士林地区は、日本統治時代に八カ所あった植物研究所の一つで、今日では「士林官邸公園」として一般公開されている。敷地は九・二八ヘクタールあり、いくつかの庭園と、凱歌堂、新蘭亭と慈雲亭など中国式の東屋《あずまや》がある。バラ園では二百種以上の品種、四千株以上が栽培されている。宋美齢はバラが好きで、自分でもよく手入れをしていたという。凱歌堂は礼拝堂で、蔣介石と宋美齢が毎週欠かさず礼拝を行い、孫たちの受洗も行われたようだ。

私が「士林官邸公園」を訪れたのは、二〇二四年一月のことだった。

周囲を福山山系に囲まれ、清々しい空気が満ちていた。二人が住んだ官邸は、遊歩道の一番奥にあった。緑色の鉄柵越しに中を覗くと、外壁が水色のペンキで塗られた二階建ての簡素な木造家屋があった。

玄関を入ると、右手は広い廊下になっていて、正面に暖炉があり、左手に小さなリビングと大きなキッチンがある。間取りとして不自然で、違和感を覚えた。

「この奥に増築された部分は、宋美齢自身がデザインしたものです」

と、解説員が説明してくれた。

暖炉の脇にあるドアの先に、広いリビングルームがあった。部屋の中央に石造りの大きな暖炉が設けられ、部屋の中央には大きなソファーセットが置かれ、部屋のコーナーごとに、二脚の肘掛椅子と小さなテーブルが配置されている。米国式の優雅で温かみのあるリビングルームだ。

二階へ上がると、広いスペースの中央にベッド、その脇にデスクと椅子がある。晩年の蔣介石が車椅子生活になり、介護のために使われたという。二階はその空間しかなく、もうひとつの狭い階段を下ると、左手に宋美齢の寝室とバスルームがあった。十畳ほどの寝室の壁には、一九七〇年代に米国で大流行したパイナップル模様の壁紙が貼られ、バスルームはピンク色の小さな四角いタイルで覆《おお》われている。これも七〇年代の米国で大流行したものの

台湾時代を過ごした台北市北部の士林官邸（著者撮影）

だ。なるほど、宋美齢は増築した際、彼女の好みだった米国流の生活様式をそっくり取り入れ、自分の心地よい空間を作ったのである。

廊下の先に二十畳ほどの明るい書画室があった。宋美齢はここで水墨画の制作に没頭していたという。

国務長官ダレスが模索した「二つの中国」

宋美齢が台湾で新生活を始めた頃、米国では対中政策が大きく揺れていた。

前述した通り、トルーマンは一九五〇年一月に「台湾不干渉声明」を発表して、「国共内戦」には中立的立場をとった。もし、米国がこの政治方針を貫いていたら、台湾は間違いなく中国の手に落ち、「二つの中国」が出現していただろう。

だが、歴史はそうならなかった。

一九五〇年六月、朝鮮戦争が勃発し、事態が大きく変わった。中国が朝鮮戦争に参戦したことで、米国政府は台湾の国民政府に対して再び軍事援助を与え、第七艦隊を台湾海峡へ派遣して、中国の台湾攻撃を阻止するという方針転換を図った。その一方、台湾の立場を未定とする方針（「台湾地位未定論」）を打ち出した。

ところが、インドシナ戦争の影響で、背後にいる中国への警戒感が強まり、就任直後のアイゼンハワー政権は再び政策転換を迫られた。

一九五三年、国務長官に就任したジョン・フォスター・ダレスは、中国に対抗する台湾を支持し、「二つの中国」が同時に国連に加盟する可能性があるかどうかを検討した。中国の国連加盟を認めるのと同時に、台湾を独立国として扱い、国連の安全保障理事国の特権的地位をインドに引き継がせるという構想である。だが、この構想は台湾の強い反発を招くことが予想され、提案には至らなかった。

ダレスは、国民政府の大陸復帰の可能性を米国が完全に否定してはならないと進言した。もし米国が否定すれば、国民政府は落胆して士気が下がり、台湾防衛が揺らぎかねない。国民政府が自ら中国の共産党政権と手を結ぶ可能性もある。そうなれば、中国の影響力は東アジア全体に及び、日本やフィリピン、さらには東南アジア全域に広がり、米国のアジアにおける存在感が失われることになる、と指摘する。

家族団欒の陰で起きていた後継者問題

二転三転する米国の態度に、先の見えない焦りを感じていた蔣介石にとって、唯一、気が休まるのは親族たちとの交流であった。

蔣介石の異母兄である蔣瑞生《しょうずいせい》の遺児二人を大学卒業まで経済的に支え、結婚後に生まれた孫たちから「おじいちゃん」と懐かれた。異母妹の蔣瑞蓮《しょうずいれん》の遺児も米国の大学へ進学させ、帰国後は空軍少尉に任命し、殉職《じゅんしょく》後はその妻と娘の生活の面倒を見た。戦禍で犠牲になった戦友の子弟たちも経済的に支えたことから、みな蔣介石を慕《した》って、しばしば士林官邸に会いに来た。

米国在住の宋家の人々も、台湾へ訪れる度に遊びに来て、ときには士林官邸に泊まることもあった。クリスマス、春節、誕生日には親戚縁者たちが集まり、みなで和気あいあいと祝福しあった。蔣介石は日記に、こう記している。

「家庭の団欒は楽しく、人生の宝である」

（『官邸情歌　蔣家の人々の楽しいひととき』
士林官邸正館一一〇年特別展パンフレット）

『宋美齢画伝』には、この時期、二人が沢山の孫たちに囲まれて、にこやかな笑みを浮かべた写真が多数掲載されている。蔣介石は目を細めて孫たちを眺め、すっかり好々爺《こうこうや》である。宋美齢はやさしい表情で、孫に手を伸ばして世話を焼いている。別の写真では、熱心に水墨画を描いている宋美齢の肩越しに、蔣介石が覗き込んで、「ほう、うまいね！」とでも言いたげな表情で微笑んでいる。

士林官邸に住む二人は、ようやく夫婦らしい日常を取り戻したのだろうか。激動の時代を経て、やっと手に入れた穏やかで幸福な時間を共に過ごしていたのか——。

いや、そうではなかった。蔣介石と宋美齢の間には、後継者を巡って隙間風が吹きはじめていたのである。

蔣介石にとって、孔祥熙と宋子文が米国へ去ったことは幸いだった。政権中枢部に、自分に忠実で信頼できる側近を置き、統制を図って、権力集中に専念することができたからである。後継者には息子の蔣経国を推すと決めて、一九五〇年に国防部政治統戦部主任に取り立て、少しずつ政治的地位を向上させていった。

宋美齢には、台湾の高温多湿な気候が体質に合わなかった。冬になると足元から底冷えがして、士林官邸の各部屋に暖炉を設置した。乾燥肌が荒れて強い痒《かゆ》みを覚え、軟膏《なんこう》を塗りたくった。ベッドに刺激の少ないシルクのシーツを敷いて、毎日二度かけ替えてみたが、喘息《ぜんそく》とアレルギーが悪化し、どんな薬も効かなかった。病気療養のために、彼女はしばしば渡米して治療に当たった。以下、宋美齢の主な渡米期間をリストアップしてみよう。

一九五二年十月〜五三年三月　ニューヨーク在住の姉・宋靄齢宅に六ヵ月滞在
一九五四年四月〜十月　サンフランシスコで治療後、ニューヨーク滞在
一九五八年五月〜五九年六月　ニューヨークの姉宅に十四カ月滞在
一九六五年八月〜六六年十月　ニューヨークの姉宅に十五カ月滞在

AP/Aflo

台湾時代の蔣介石・宋美齢（1964年6月）

一九五二年から六六年までの十四年間に、米国での滞在期間は合計四十二カ月、約三年六カ月に及んだ。いずれもニューヨーク在住の孔祥熙と姉・靄齢夫妻の邸宅に長期滞在し、母校での講演や華僑団体の歓迎会に出席する程度で、米国政府との政治的交流など、目立った活動はしていない。

宋美齢は駐米中国大使の顧維鈞を好まず、いつも事前に連絡しないまま渡米したので、顧維鈞大使はその都度、大慌てで対応しなければならなかった（前出『宋美齢伝』）。

義兄・孔祥熙の死と後継者争い

孔祥熙は米国へ転居した後、一九六二年に台湾を訪問して、公職に就きたいと申し出た。しかし、すげなく断られ、三年ほど台湾で暮らしてみたが暇を持て余し、寂しさに耐えかねて、再び渡米。ニューヨーク州ロングアイランドに大きな邸宅を購入すると、宋靄齢と暮らした。そして四年後の一九六七年、孔祥熙はニューヨークの病院で病没した。享年八十八。

孔祥熙の葬儀には、台湾から蔣経国の弟の蔣緯国《しょういこく》が駆けつけて、棺にかける国旗を扱う従者五名を伴って列席した。マンハッタンの五番街にあるマーブル協同教会（協同改革派プロテスタント・オランダ教会）で挙行された葬儀には、弔問客が数百人にのぼり、教会前に長蛇の列を作った。宋子文は、孔祥熙とは生前から気が合わず、同じニューヨークに住んでいながら、葬儀に出席しなかった。

孔祥熙の死後、長男の孔令侃と次女の孔令偉は、子供がいない宋美齢にとって、最も気を許せる親族になった。美齢自身、幼いときから甘えん坊で、父の宋耀如が亡くなったときには失意のどん底に落ちた記憶があり、義理の兄である孔祥熙が亡くなり、父を失った甥と姪の心中を察して、本気で心配していたのかもしれない。

しかし、孔令侃は生来わがままで、親の権力とカネに物言わせて、勝手なふるまいが目立った。学生時代には高級外車を乗り回し、ハーバード大学大学院へ留学したものの、受験から卒業までの二年間、まるまる替え玉を使って修士号を取得したことが発覚して、学歴詐称事件として中国で話題になった。米国で交通事故を起こしたのは一度や二度ではない。帰国後に設立した揚子公司は、株の投機と資金洗浄で暴利を貪《むさぼ》り、香港では違法な地下通信施設を作って、香港政庁から追放処分を受けた（前出『宋美齢伝』）。

だが、宋美齢は、快活で率直な孔令偉を可愛がった。一九四三年に米国上下両院で演説し、全米を遊説してまわったときには、孔令偉が秘書長として付き添ってくれた。それ以来、宋美齢の米国滞在時には付き人のようになり、米中外交の連絡役としても活動した。次女の孔令偉は「男装の麗人」として知られ、生涯独身を通したまま、宋美齢の身の回りの世話をしてくれた。宋美齢にとって、孔令侃、孔令偉の二人は大切な甥と姪であり、とりわけ孔令侃は、宋美齢自身の政治的意向を表明する代弁者として、是非とも国民政府の政権中枢に参画させたかった。

一九六五年、宋美齢は台湾へ戻ると、孔令侃を盛んに称賛し、行政院長の地位に就かせるよう蔣介石に進言した。しかし蔣介石は、実権のない「国策顧問」という役職を与えただけだった。同年、長男の蔣経国は国防部長に就任した。

一九七二年は台湾で第五期総統、副総統選挙が実施される年だった。元日が過ぎた頃、宋美齢は孔令侃を台湾へ呼び寄せた。そして病身で寝たきりの蔣介石の枕元で、こう切り出したと、『蔣経国日記揭密』にある。

「孔令侃は米国で極力私たちの権益を守るため、国家のために多くの仕事をしてくれました。孔令侃こそ、行政院長として最良の人選だと、私は思います」

しかし、蔣介石ははっきりと断った。それでも宋美齢は納得せず、別の日の午後、蔣介石にこう告げた。

「あなたが［蔣］経国にご執心なのはわかります。でも、［孔］令侃も国家に多くのことをしてくれたことをご存じでしょう。現在、米国は中国共産党と国交を結ぶことを望んでおり、ちっとも我々のことを気に掛けていません。もし［孔］令侃でなければ、米国は一層我々に冷淡になるでしょう。彼が米国でどれだけ多くのことをしてくれたか、あなたはまるで評価なさらないのですか？」

（『蔣経国日記掲密』黄清龍著、時報文化出版、二〇二〇年）

『蔣経国日記掲密』の著者、黄清龍《こうせいりゅう》は台湾の著名なジャーナリストで、同書は、米国スタンフォード大学フーバー公文書館に所蔵されている『蔣経国日記』をつぶさに閲覧し、蔣経国の人物像を分析した良書である。「掲密」とは「真相を究明する」という意味になる。

黄清龍は、「上述の政治的伝聞は必ずしも完全に事実だとはいえないが」と但し書きをつけながらも、話の信憑性《しんぴょうせい》を裏付ける事実として、一九七二年五月十七日に国民党中央常務委員会が蔣経国を行政院長に任命した日の二日後、つまり、五月十九日の『蔣経国日記』にこう記されていると、紹介している。

孔令侃が米国から台湾へやってきた。何が目的かわからないが、私個人からすれば、困惑するばかりだ。しかしどうすることもできない。

蔣介石が、頑として宋美齢の進言を断っていたことは、明らかだろう。もし孔令侃を行政院長に就任させれば、自分の後継者として育成している蔣経国との間で意見が衝突し、政権運営が立ち行かなくなると懸念したのである。孔家と宋家に振り回された大陸時代の二の舞は、台湾では繰り返したくないと固く心に決めていたに違いない。

台湾国連脱退とニクソン・ショック

一九七〇年代に入ると、国際情勢が急速に変化していった。

国連では長年にわたり、「中国代表権問題」が話し合われてきたが、一九七一年十月、第二十六回国際連合総会で、中華人民共和国の友好国であったアルバニアなどの共同提案国が提出した「アルバニア決議案」が採択され、中国の国連参加が認められた。その決議文に「蔣介石代表を国連から追放する」という文言が記されていたことから、中華民国が強く抗議して、自ら国連を脱退した。中国は、それまで中華民国が座っていた安全保障理事会の常任理事国の椅子に、横滑りで座った。

米国は、隠密裏に中国との接近を図っていた。国連決議より三カ月前の七月、米国のヘンリー・キッシンジャー大統領補佐官（後に国務長官）は極秘裏に北京を訪問して周恩来と米中政府間協議を行い、一九七二年二月、ニクソン大統領が電撃的に訪中し、米中共同声明「上海コミュニケ」を発表して、米中国交樹立を宣言した。世界中を驚かせた「ニクソン・ショック」である。

次いで九月、日本の田中角栄《たなかかくえい》首相は中国を初訪問して、周恩来と固い握手を交わし、「日中共同声明」に調印して、「日中国交正常化」へと大きく舵を切ると、台湾の中華民国と断交した。中国は同年末までに、西ドイツ、オーストラリア、ニュージーランドと相次いで国交を樹立した。

世界の流れは、一斉に台湾の中華民国から共産党率いる中華人民共和国へと傾き、その勢いは止められなかった。

蒋介石、死す

もはや大陸奪還の望みは消え失せた。その絶望感が、蒋介石の命の灯を燃やし続ける気力と体力を奪ったのかもしれない。

二年後の一九七四年十二月、蒋介石はインフルエンザに感染して肺炎を発症したが、慢性の前立腺炎で抗生物質を常用していたため、新たな薬が効かなかった。十名の医師が二十四時間態勢で看護したが、病状は回復せずに衰弱していった。

翌年の春先、蒋介石は命が危ぶまれる段階に入った。三月九日の『蒋経国日記』には、こんな激烈な記述が刻まれている。

午後、公務を処理して士林に父に別れを告げに行くと、別の部屋で孔令侃とばったり出くわした。不愉快で憎しみが高まった。この人物は公私にわたり少なからず害を及ぼしてきた。だが今日では害があっても、何の作用もしないのだ。彼のことなど忘れてしまえばよいだけだ。この人物は反米的な言論で米国人から軽視されたばかりか、国家が今日のような苦境に落ちて、米国に対して不満があるとはいえ、公開の場で憤《ふん》懣《まん》をぶつけたり罵ったりすべきではない。とりわけ匪賊《ひぞく》（共産党）とソ連の関係を軽々しく論じ、孔家の縁故を通じて自ら聡明だと吹聴《ふいちょう》するのは、国家を害すること甚《はなは》だしく、憎むべきことだ。

（前出『蔣経国日記掲密』）

蔣経国の日記には、やがて宋美齢や孔令侃の名前すら記されず、「ニューヨーク」「あちら」などと記されるようになる。蔣経国がどれほど二人に激しい嫌悪を感じ、強い憎しみを抱いていたかが推察される。

蔣介石は危篤に陥った。治療チームが組まれ、日夜看護に励んだが、四月五日の夜九時に当直の医師が診察すると、蔣介石の心臓が止まっていた。強心剤を打ち、心臓マッサージを繰り返したが、一時間しても鼓動は戻らなかった。一九七五年四月五日、十一時五十分、医師が蔣介石の死亡を宣告した。享年八十七。

翌四月六日、国葬が執り行われた。悲しみにくれる宋美齢を、蔣経国と蔣緯国が両脇から抱きかかえるようにして祭壇へ進んだ。

四月九日、蔣介石の棺は「国父記念館」に移され、多くの人々の弔問を受けた。すべての葬儀日程が終わると、棺は台北市から南へ六十キロメートルほど離れた桃園県の慈湖《じこ》のほとりにある建物に安置された。

蔣介石は生前、「自分が死んだら、遺骨は孫文先生が眠る南京の中山陵の隣か、郷里の浙江省の祖先が眠る墓に埋葬してほしい」と、よく語っていた。蔣経国は父の遺志を尊重して荼毘《だび》に付さず、いつの日か中国大陸で埋葬できる日を願って、風光明媚な慈湖の畔に遺体を安置したのである。

慈湖は、蔣介石が愛した故郷・浙江省の山間によく似た幽玄の地で、静寂と清新な空気に包まれている。宋美齢もこの地が好きで、生前の蔣介石とよく散策に訪れていたという。慈湖の情景を眺めつつ、蔣介石は強く望郷の念にかられ、死んだ後も故郷に帰ることを切望していたのである。

一連の葬儀がすべて終わると、宋美齢はひどく体調を崩し、静養のため再び渡米した。

第十章
失意と追憶の日々

幻となった「宋家三姉妹」の再会

一九七五年九月二十一日午後、ニューヨークのケネディ国際空港に到着した宋美齢は、ロングアイランドの孔家所有の邸宅へ直行した。

邸宅は、二年間放置されたせいで荒れていた。庭の芝生は雑草が伸び放題になり、木造の建物は外壁が薄汚れて、ところどころ雨が垂れた跡が染みついている。建物に入ると薄暗い室内が寒々として、激しい悲しさが襲いかかってきた。宋美齢は台湾を発つ前、台湾の人々へ向けて伝えた『全国民へ向ける書』の中で、こう記している。

この数年、私は親族の不幸に見舞われてきました。まず姉の夫である庸之［孔祥熙］兄さんが世を去り、弟の［宋］子安、兄の［宋］子文が相次いで亡くなりました。一昨年には［宋］靄齢姉さんが重病に罹ったのにもかかわらず、［蔣介石］総統の容体がすぐれず、なかなか見舞いに行けないまま、ついに姉との別れをすることもできませんでした。肉親の情として真に申し訳なく、深く遺憾に思うばかりです。

（『蔣夫人言論集（上）』王亜権編、中華婦女反共連合会、一九七七年）

兄の宋子文は、一九七一年四月二十六日、友人宅の晩餐会《ばんさんかい》に呼ばれて出席した際、鳥の骨が喉に突き刺さり、立ち上がった途端に人事不省に陥り、そのまま息絶えた。享年七十七。

五月一日、ニューヨークのマンハッタンで盛大な葬儀が行われ、宋子文の遺児ら三人と、弟の宋子良、顧維鈞大使をはじめ、約五百人が参列した。

だが、宋美齢は出席しなかった。というより、正確に言えば出席できなかった。

もともと宋美齢は葬儀に出席する予定で、台湾を出発していた。

ところが、旅行の途中で、米国と中国、台湾にまたがる政治的な〝駆け引き〟が巻き起こり、錯綜した末に、渡米を取りやめてしまったのである。

『宋美齢伝』によれば、事態はこうだ。

一九七一年当時、米国政府は中国と国交を結ぼうと、水面下で準備を進めていた。そこへ宋子文が死去したことが伝わった。宋子文の葬儀の日時が決まると、米国のニクソン大統領は、早速米国政界の華人たちを介して、北京と台湾、ニューヨークへ電報を打ち、三姉妹が葬儀に出席できるよう招請した。これが「米中国交樹立」の絶好の足掛かりになると考えたのである。

四月二十七日、北京に電報が届くと、即日、北京から返事が来た。中国の副主席である次女の宋慶齢が葬儀に参列する意向であること、ただ直行便がないので目下英国航空に専用機の手配を交渉中であること、航路としてはロンドン経由でニューヨークへ行く予定であることなどを伝えてきた。

その時点で、ニクソン大統領が得ていた情報は、台湾の三女・宋美齢がすでに専用機で出発してハワイに一泊中で、明日にはニューヨークへ到着する予定であるということだった。

ニクソン大統領は、早速キッシンジャー国務長官と会見し、秘密裏に北京を訪問する準備をするよう指示した。この機会を逃さず、速やかに「米中国交樹立」に漕ぎつけるためである。

だが、予想外の事態が起こった。ハワイに到着していた宋美齢の下へ、台湾の蔣介石から電報が入り、「中共の統一戦線工作に利用される恐れがある。訪米して宋子文の葬儀に出席することを取りやめよ」と、指示してきたのである。

その日の正午、北京から宋慶齢が来ると伝えられたニューヨーク在住の長女・宋靄齢は、葬儀に出席しないことを明らかにした。

ニクソン大統領は慌てたが、打つ手はなかった。キッシンジャー国務長官のアドバイスに従い、蔣介石に電報を打ち、「宋子文の葬儀は宋家の個人的な事柄であるから、人道主義の観点から、宋美齢を出席させてほしい」と懇請したが、すでに遅かった。

その後の二日間、米国では宋美齢の動きが摑めなかった。ハワイから台湾へ取って返すため、すでに機中の人となっていたのである。

四月三十日、北京からワシントンへ通知が来て、専用機の手配がつかないので、宋慶齢副主席は訪米して弟の葬儀に出席できない旨を伝えてきた。

宋靄齢は迷った末に、最終的に葬儀に出席することにして、ミサの開始予定時間を午後に遅らせた。

もし、中国の宋慶齢と台湾の宋美齢、ニューヨークの宋靄齢が一堂に会していたら、宋一族の感動的な再会になっただろう。半世紀にわたる三姉妹の確執の末の歴史的な出来事である。米中台関係も、あるいは今とは異なるものになっていたかもしれない。

だが、その機会は失われた。米国の看過できない失策と言わねばならない。

宋靄齢は、夫の孔祥熙が亡くなって以後、すっかり気落ちしていたが、弟・宋子文の死と葬儀をめぐる衝撃的な出来事が災いして体調を崩し、二年後の一九七三年、ニューヨークの病院でがんで亡くなった。享年八十四。

東京ドーム三倍超の豪邸「マナーハウス」

ロングアイランドの邸宅は、孔祥熙、宋靄齢夫妻が亡くなってのち、住む者もなく放置されていた。宋美齢は十万ドルをかけて補修・改装を行い、自分好みの優雅な豪邸に作り替えた。

この豪邸は、英語で「マナーハウス」と呼ばれる。ニューヨーク州ナッソー郡オイスターベイ町にあり、ローカス・バレー（イナゴの谷）と呼ばれる最高級住宅地区の一角を占めている。オイスターベイは優秀な学校区とエリート社交クラブがある海辺の町である。

ニューヨークの不動産情報によれば、豪邸の敷地面積は三十七エーカー（約十四万九千七百三十五平方メートル）で、東京ドームの約三・二倍。建物の面積は一万九千スクウェア・フィート（約一千七百六十五平方メートル）ある。部屋数は九室の寝室のほかにダイニングルーム、リビングルーム、キッチンがあり、浴室とトイレが全部で十三ある。庭には屋外温水プールと三ホールのゴルフ・コースも備えている。

一般的に、米国人の常識では「エーカー・ロット」（敷地が一エーカー以上）の家に住んでいると聞けば、すぐに富裕層だと判断できる。それが敷地面積三十七エーカーの邸宅だというのだから途方もない豪邸で、米語では「キャッスル（城、豪邸）」と呼ばれることもある。


宋美齢が施した改修は豪華だ。両開きの大きな玄関ドアを開けると、大理石が敷き詰められた広いホールになっていて、左右に部屋がある。吹き抜けの高い天井は白い天然石で覆われ、小さな縦長の窓から自然光が差し込んでくる。ドーム型の天井の先端にはマホガニーの木材が放射状に張られ、クリスタルのシャンデリアが吊るされている。二階へ続くゆるいカーブの階段には赤いカーペットが敷き詰められ、装飾を凝らした黒い鉄製の手すりが付いている。

室内装飾も目を奪われるほど美しい。広い応接間の中央に石造りの暖炉があり、壁は落ち着いた淡いグリーンだ。テラスへつづく掃き出し窓と数カ所の大きな窓には、淡いグリーンとオレンジ色の縦縞のカーテンが、天井から床まで吊り下げられている。

部屋のコーナーごとに、淡いグリーンのソファーとクリーム色の肘掛椅子、凝った装飾のテーブルが置かれ、エリザベス様式のアンティーク家具で統一されている。カーペットはカーテンと同系色の淡いグリーンと小さな花柄のピンクで、部屋全体が落ち着いた色調でまとめられている。米国人好みの最高級の室内装飾といったところである。

これが宋美齢の好みなら、彼女はまさに米国人そのものの美的センスを身につけているといえるだろう。

最晩年を過ごした豪邸での暮らしぶり

晩年の宋美齢は、いくつも役職を持っていた。台湾では、中華婦女反共連合会の創始者で主席、中国国民党中央評議委員会主席団主席、輔仁大学董事会主席、振興リハビリセンター董事会主席、中国国民党婦女工作会指導長、台北市国際婦女クラブ栄誉主席、中国看護師協会常務委員、中国女童軍常務委員、台北市国立故宮博物院管理委員会常務委員など。米国では、中国婦女救災総会ニューヨーク分会栄誉主席、米国医薬中国援助会栄誉主席、キャサリン・ローランド・ワイフ芸術クラブ理事、トール・ゼタ・エプシロン理事会理事、ニューヨーク動物学会栄誉会員、米国海軍陸戦隊栄誉中将などの肩書があった。

もっとも、これらの肩書はほとんど名誉職で実務を伴うものは少なく、ときおりチャリティーに参加する以外、書類に署名することはあっても、必要に応じて代筆者が処理してくれたという（前出『宋美齢伝』）。

豪邸での暮らしは、どのようなものだったのだろう。

朝、九時ごろに目覚めると、ベッドの上で小一時間マッサージを受け、そのままベッドの上で朝食をとっていたようだ。

『宋美齢台湾生活私密録』（王豊著、作家出版社、二〇一三年）によれば、台湾の士林官邸に住んでいた頃の朝食のメニューは、バターを塗ったトースト二枚とコップ一杯の牛乳、塩水につけたセロリのスティックや果物など。トーストは時々ペストリーやクロワッサンに替えることもあった。気が向くと、フルーツケーキなどのデザートと、温かい茶やコーヒー、ココアも飲んでいたという。

おそらくニューヨークでも、台湾時代と同じような生活習慣を維持し、朝食も似たような品々を口にしていたのではないだろうか。

健康維持には特に気を遣い、お湯をよく飲み、龍井茶《ロンジン》もよく飲んだ。脂っこいものは食べず、果物や野菜を多くとった。気が向くと、キッチンへ行ってワンタンやお菓子を作り、周囲の人々と一緒に楽しむこともあったという。

朝食が済むと、身支度を整えた後、米国の新聞を数種類と、台湾から取り寄せた中央日報を、毎日二時間以上かけて丁寧に読んだという（前出『宋美齢伝』）。

宋美齢は敬虔なプロテスタントで、毎日少なくとも一、二時間、聖書を読んだり、祈りの時間に充てたりと、規則正しい生活を送り、日曜日には自宅近くの教会やマンハッタンの教会へ礼拝に行くこともあったらしい。

宋美齢の「宗教観」は時期によって変化しているが、すでに書いたように、一九三四年の時点では、自分は「単純な、弱身のない真摯さと正直さと真実」が大切だと信じ、「無のために善良になること」こそ、最大の武器であり、神の意志であり、全身全霊で努力することが、最も大切だという考えを持っていたのである。

彼女はロングアイランドでのあり余るほど長い時間の中で、さらに神への信仰を深めていったのではないか。

人間は高齢になり、家族や友人など親しかった人々が先に亡くなると、虚無感と寂しさに打ちひしがれる。俗世間の欲望に興味を失い、無欲になる人もいる。宋美齢の場合は、どうだったのか。彼女自身の言葉に従えば、「無になるために善良になること」「全身全魂で神の意志を実行すること」を、今一度嚙みしめながら、生きる糧《かて》としていたのかもしれない。

一九八一年五月二十九日、北京で宋慶齢副主席が逝去した。

中国政府が組織した宋慶齢葬儀委員会では、台湾と海外にいるすべての親族、つまり妹の宋美齢、孫文の子息の孫科《そんか》夫人、宋子良と夫人、宋子文夫人、蔣経国、蔣緯国、孔令侃、孔令偉ら四人の子女へ向けて、葬儀へ参列するよう電報で招請し、専用機を用意して一切の費用を中国政府が負担すると伝えた。

だが、台湾の電信局はこの電報の受け取りを拒否した。台湾在住の孫科夫人だけは供花した。弔電を打ったのは、米国在住の宋子良夫妻、末弟の宋子安夫人と宋子文の長女だけだった。

宋美齢は反応しなかった。一時、ロングアイランドの豪邸の周囲には、中国系メディアが殺到し、彼女が北京へ行くかどうか、少なくとも弔電を打つのではないかと注目したが、なんの動きもみられなかった。

十一年ぶりの台湾に居場所なく

一九八六年、宋美齢は「蔣介石生誕百周年」の記念行事に出席するため、十一年ぶりに台湾を訪れた。国民政府総統に就任していた蔣経国、弟の蔣緯国、孫たちや友人、知人と久しぶりに再会し、みな大歓迎してくれた。

蔣経国は宋美齢を「母」として気を遣い、足しげく宋美齢の滞在する士林官邸を訪れては、なにくれとなく世話を焼いた。『蔣経国日記』に記したような感情は、いっさい素振りに出さなかった。宋美齢は台湾に留まることにした。

だが、一九八八年一月十三日朝、蔣経国が突然亡くなった。

朝起きると、ひどく体調が悪くなり、長男の蔣孝文《しょうこうぶん》を呼んで、一言、二言言葉を交わすと、すぐにまたベッドに倒れ込んだ。数人の医師が呼ばれて診察し、救命医療を施したが、午後一時五十五分、大量に吐血して意識不明に陥った。

国民政府の要人たちが急遽集められた。李登輝副総統が到着するのを待ち、医師団は静かに生命維持装置を外した。享年七十七。

一月三十日に国葬が挙行された。蔣経国と親交が深かったシンガポールのリー・クアンユー首相、日本の福田赳夫《たけお》元首相らが参列した。蔣経国の棺は台北市内の総統府、国民党中央党部などを巡回した後、桃園県大渓の慈湖のほとりにある建物に運ばれて、父の蒋介石と並んで安置された。

蒋経国総統の突然の死を受けて、後継者争いが表面化した。

宋美齢は、国民党幹部による集団指導体制を強く主張して根回しを図ったが聞き入れられず、李登輝副総統が総統に就任した。台湾の国政選挙で民進党が圧勝したことで、国民党の勢力は著しく弱まりつつあった。もはや宋美齢の政治的発言は時代遅れだとして聞く者はなく、彼女の存在を疎《うと》ましく思う政治家も少なくなかった。

蒋経国が突然亡くなってのち、あまり日を置かずに蒋家一族の男子二人も立て続けに亡くなった。父系主義の中国では伝統的に、先祖を葬らなければ霊が「鬼」と化して永遠にさまよい、一族に禍《わざわい》をもたらすとされている。蒋介石、蒋経国父子の遺体を埋葬せず、慈湖に安置されたままになっていることが、大きな禍をもたらしたのだと、巷《ちまた》ではひそかに噂された。

宋美齢は静寂に包まれた士林官邸で一人の時を過ごしていた。使用人は呼ぶまで現れなかった。ときおり友人が訪ねて来ることはあったが、それ以外は趣味の読書と水墨画で時間をつぶすほか、特にすることもなかった。

喘息とアトピー性皮膚炎がぶり返した。一九六〇年代に交通事故に遭い、一九八九年に右足の大腿骨を手術していたが、湿気を帯びた亜熱帯の気候で古傷がときどき痛んだ。振り返れば、宋美齢の体は満身創痍《そうい》だった。一九七七年に乳がんが見つかり、コロンビア大学病院で切除手術を受けた。一九八九年に右卵巣に良性腫瘍が発見され、卵巣と卵管を切除した。その後の再発はなかったものの、視力が著しく低下し、本を読むのも苦痛になった。

市井の人々から、広大な敷地をもつ士林官邸を公共施設にすべきだという声が聞こえてきた。台湾に、もう宋美齢の居場所はなくなった。五年近く台湾で暮らした後に、彼女は再び米国へ行く決心をした。

一九九一年九月二十一日早朝、宋美齢は松山飛行場からボーイング747型機の中華航空に乗り、台湾を離れた。見送りに来たのは李登輝総統以下、数人の政府高官と蔣家の親族らだった。引っ越し荷物はほとんど書籍と日用品だったが、重い本を小さめの段ボール箱に詰めたため、数十箱になった。このとき、宋美齢は九十三歳。彼女が再び台湾へ戻ることはないと、だれもが察していた。

一人きりの生活を支えた水墨画

米国に戻った宋美齢が公の場に出たのは、三度ほどしかない。一度目は一九九五年に第二次世界大戦終戦五十周年を記念し、米国議会で戦勝国の首脳夫人として表彰された。二度目は彼女の百歳の誕生パーティーで、一九九七年三月二十日、ニューヨークのマンハッタンにある国民政府事務所の「華夏文化センター」で催された盛大な誕生祝賀会に出席した。台湾政府が彼女のために祝賀準備チームを作り、数カ月かけてお膳立てした。台湾でも祝賀行事として、座談会や婦女茶話会が開催され、国民政府の高官たちが「祝賀代表団」を組織してニューヨークへやってきた。祝賀行事は三月十四日から二十日まで一週間続けられた。宋美齢の体力を考えて、賓客との面会は一日二組に限定された。毎日盛大なパーティーが続き、台湾と米国各地から数百人が出席した。

もう一度は、二〇〇〇年に米国の台湾系中国語新聞の世界日報が、彼女のために主催した特別絵画展だ。宋美齢が長年描きためてきた水墨画が展示され、彼女は車椅子でレセプションに出席した。

晴れやかで拍手喝采と花束の山に包まれた時間が過ぎると、再び静寂が戻った。

宋美齢はメディアの取材を一切受けつけなかった。過去には多くの演説を行い、無数の取材を受けて発言した内容は、発言録や講演録、回想録と題して、何冊もの本にまとめられていたが、どれも公式発言ばかりで、内心を吐露したものは皆無だ。

Reuters/Aflo
100歳の誕生祝賀会での宋美齢
(ニューヨーク)

宋美齢が最も親しかった宋靄齢の息子の孔令侃は、一九九二年、ニューヨークで亡くなっていた。「男装の麗人」として知られた妹の孔令偉も、一九九四年に台湾で病没した。

ロングアイランドの豪邸で、一人きりの生活になった時、宋美齢は果たして何を考え、何を思っていたのか。それを知る手がかりは少ない。だが、いくつかヒントがないわけではない。そのひとつは水墨画である。


水墨画は、米国留学から帰国後、父の勧めで中国文化を理解するために、父の友人の国画家に師事したのが最初だった。墨と筆だけで濃淡をつけて描き出される幽玄の世界は生き生きとして力強く、中国文化の奥深さと悠久の歴史を感じさせる。彼女は熱心に学び、上達が早かった。

台湾時代には、暇に飽かせて、黄君璧《こうくんぺき》ら著名な国画家を招いて教えを請い、さらに熱が入った。カメラマンに依頼して、台湾の名山や大河を巡らせ、風光明媚な風景を撮影させて、大きく引き伸ばした写真を見ながら、インスピレーションを沸き立たせた。

ニューヨークに移ってからも、ほぼ毎日のように描き続けた。ときにはメイドやガードマンに自分の画風の在り方や、水墨画の歴史について知識を披露することもあった。描いた水墨画は専用の棚に大切に保管し、描いた作品が一部屋を占領するほどになった。

宋美齢にとって、水墨画はたんなる趣味ではなかったと、私は思う。彼女が描いていたものは、中国文化を深く理解している自分自身であり、自分が中国人であることの「証」だったのではないだろうか。そして、彼女自身が作り上げた「理想の中国」をそこに見ていたのではないか。

アイデンティティ・クライシス（文化的な乖離《かいり》）と言ってもよいかもしれない。宋美齢は、常に自分が異邦人の眼差しを持ち、「外」から中国を見ていることを自覚していたはずだ。だからこそ逆に、自分が「内」なる中国人であることを確認する必要があっただろう。

専属裁縫師が縫い続けた最高級品

もう一つ、宋美齢の内心を知るためのヒントに、チャイナドレスがある。

一九九八年に孔家が破産したことで、宋美齢が住んでいた豪邸は売却された。

米国の不動産業者の販売情報によると、公示価格は一千百八十万ドルだったが、実際には中国系不動産会社に二百八十万ドルで売却された。

米国では通常、破産すると銀行が抵当物件を競売にかけ、公示価格の半分を回収できればよいと考える。実際に売れる値段は公示価格の四分の一になるのが常識だから、実売価格とピタリと一致する。購入した中国系不動産会社は、邸宅に残されていた六百点余りの骨董品や芸術品、調度品を競売にかけ、売れない品物は華僑の慈善団体に寄付した後、邸宅を六百五十万ドルで転売した。

売却のための内見会が開かれた日、豪邸の前には黒塗りの車が長蛇の列を作った。そして、プロローグで書いた通り、私は偶然、豪邸の隣人からこんな話を聞いたのだった。

「マダム・ジャン・カイセックは外出する際、いつも濃いお化粧をして、大勢のお供を従えていました。目が合うと、会釈してくれました」「我が家のメイドの話では、転居する時、彼女は数百着ものチャイナドレスをハサミで切り刻んで捨てたそうですよ！」

「チャイナドレスの貴婦人」と呼ばれた宋美齢は、台湾では一千着近いチャイナドレスを持っていたとされる。

宋美齢の専属裁縫師である上海出身の張瑞香《ちょうずいか》は、中国から台湾、米国に長期滞在したときも含めて三十年近く同居し、元日と春節に一日ずつ休みを取った以外、平日も週末もなく、一年中チャイナドレスを作り続けたという。張瑞香は熱心で「手」が速く、三日で一枚縫《ぬ》い上げた。世界中から台湾へ訪れる賓客たちから贈られた高級布地を使いこなすことも目的だった。そうして仕立てられた新品のチャイナドレスが、台湾の士林官邸に造りつけの三つの衣裳棚にぎっしり詰まっていた（前出『宋美齢台湾生活私密録』）。

そもそもチャイナドレスは、毎年流行のスタイルが変化する。襟の高さが高いものから低いもの、芯の入った晴れ着か、芯のない柔らかな首まわりの普段着かで異なる。

袖丈は、袖なし、三分袖、五分袖、七分袖、長袖などに分けられる。裾丈も、膝下か踝《くるぶし》までかは、着用する目的で区別する。裾の左右に入れるスリットは、膝上何センチまで入れるかどうか、着る人の身長で決まる。

布地は、パーティー用の高級仕立てならフランス製の高級生地を使い、日常用なら木綿やローシルク、夏は涼しげな透かし模様が入った生地もよい。冬は薄いウールかシルクの綿入れだ。

縁取りは最も重要で、布地の柄に合わせて無地の布地を斜めに細長く切り、バイアスの紐状にして、それを縁取りとして使うことが多い。一重線にするか、二重の線で縁取るかで、豪華さの度合いが格段にちがってくる。

飾りボタンも、布地から手作りした紐状のものを糸で縫い合わせ、花模様など様々な形に細工して作られる。それほど強いこだわりを有する中国女性の衣裳なのである。

私は、士林官邸を訪れた際、そこに展示されていたチャイナドレスを見て驚いたことがある。裁縫師の張瑞香が仕立てた宋美齢のチャイナドレスは、独特のデザインだったからだ。

一般的なものは、胸元の前開きが片方だけであるのに対し、宋美齢のドレスは両開きになっていた。しかも紐状のボタン受けだけが、身頃と前開き部分の両方に付いていて、飾りボタンはない。これでどうやって止めるのかと不思議に思っていたら、解説員が写真を持ってきて解説してくれた。

カフス状の「結び止め」をセットで使うのである。二センチばかりの紐の両端に一セン

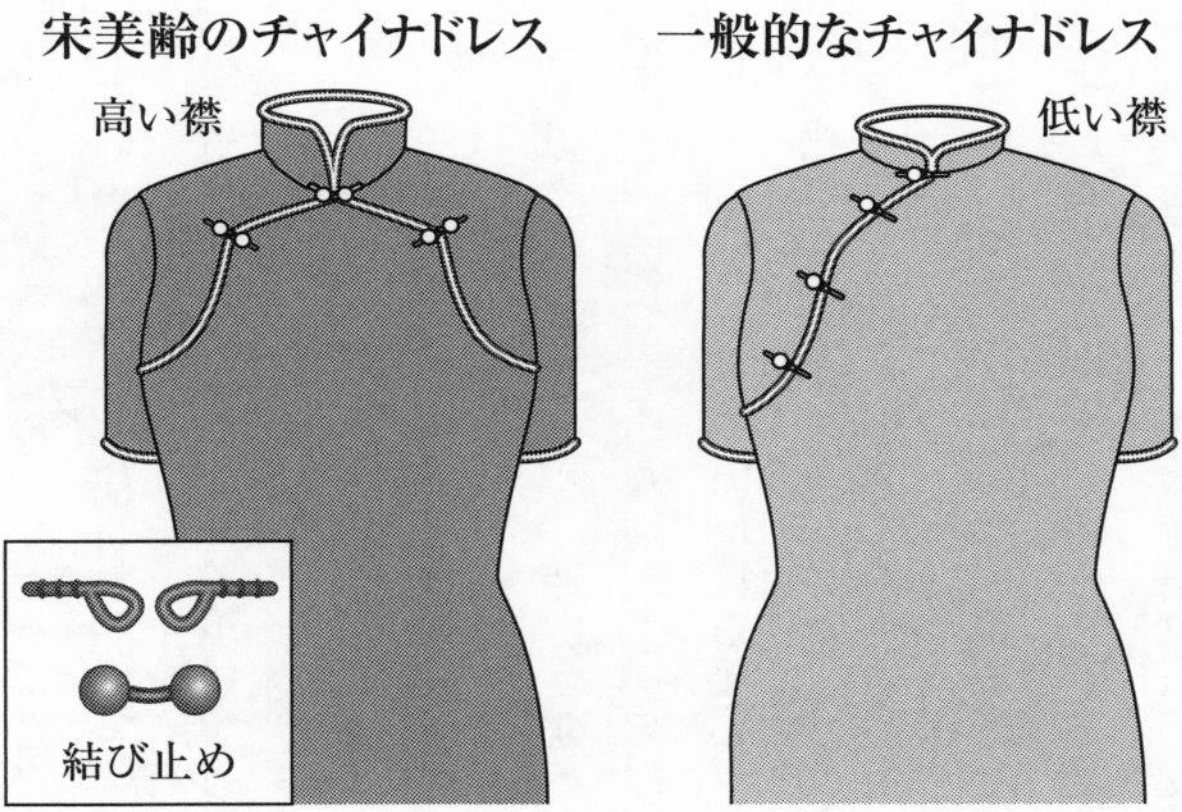

チ弱の玉がついている。その玉をそれぞれ身頃と前開きのボタン受けに通し、二つの玉を合わせて捻《ひね》って止めるのだ。玉は真珠やルビー、ヒスイなど様々な宝石で作られていて、一着につき「三つセット」で一揃いだ。玉はイヤリングとお揃いの宝石を使ったり、靴やバッグと同色の装飾品として使うこともできる。同じドレスでも、上着などと同色の「結び止め」を使うことで、時と場合によって雰囲気が大きく変わってくる（イラスト参照）。ちなみに宋美齢は、イタリアのフェラガモの靴がお気に入りだった。

宋美齢が一世一代の晴れ舞台である米国議会で着用したのは、黒い生地の長いチャイナドレスだった。芯の入った高い襟に鮮やかな金色の縁取りがあり、豪華で重厚な気品を漂わせた高級な仕立てであることが、遠目にもわかる。

ニューヨークへ移住した際、宋美齢が何枚のチャイナドレスを持参したのかは不明だが、外出でも日常生活でも一年中着用していたことを思えば、お気に入りのドレスだけでも、少なくとも百着前後はあったのではないだろうか。

なぜお気に入りのドレスを捨てたのか

豪邸が売却されて引っ越しが迫った頃、宋美齢はそれらのチャイナドレスを、自分の手でハサミを使って切り刻んで捨てた。いったいなぜそんなことをしたのだろうか——。

そこには、激しく揺れ動く女心があったのではないかと、私は推測している。

一枚ごとのチャイナドレスには、在りし日の記憶が詰まっている。公式の場では中国政府を代表するトップレディの「鎧《よろい》」であった。日常着なら、あの日はこのドレスを着ていたから、暖かい日だった。孫と遊んだ日や旅行には、このドレスを着ていた。上海で社交界デビューした日や、地方公演した日、初めて蔣介石と会った日のドレスなど。チャイナドレスを見れば、それを着た日の記憶が鮮やかに蘇ってくる。楽しい日々を思い出させてくれるのと同時に、激しい怒りや絶望、鳥肌が立つほどの悲しみや苦しみも湧き立ってくるのではないか。

チャイナドレスは記憶と深く結びつき、自分自身の過去の歴史そのものである。わが身の虚栄心や傲慢さ、残酷さや悪意をあからさまに見せつけてくる一方、誠実さと善意、慈愛と献身も確かにあったことを如実に物語る。だからこそ、チャイナドレスは彼女の感情を激しく揺さぶる過去の記憶そのものなのだ。

宋美齢は自分の人生を幾度も反芻《はんすう》したはずである。

幼い頃から寂しがり屋で、姉の靄齢の後ばかりついて歩く甘えん坊だった。孤独に耐えた米国留学時代は人一倍努力した。蔣介石と結婚してからも、祖国を守るために「新生活運動」に率先して取り組み、女性たちを鼓舞して「婦女指導委員会」を立ち上げ、全国ネットワークを組織して戦災孤児の命を救った。そのための海外からの支援金は、ほぼ全て自分ひとりの力で集めたのだ。

蔣介石を助け、時には夫を上回る活躍をして、国際外交を動かした。日本の侵攻を跳ね返す「宣伝戦」に奔走し、「四巨頭」と称されるほどの活躍をした。米国から多大な支援を引き出したのは、自分がいたからにほかならない。毛沢東率いる中国共産党には、絶対に真似できないはずだ。それを実現したのは間違いなく自分だった。祖国を救ったヒロインとして凱旋帰国して、国民たちから拍手喝采される日が来るはずだったのに、あろうことか台湾に逃げ、さらにその台湾にも居場所がなくなった——なぜそんなことになったのか？

だが、もう役割は済んだ。すべては過ぎ去ったのだ。親しかった親族は一人残らず亡くなった。孤独と寂寥《せきりょう》に包まれた世界で、自分を理解してくれる人はいないし、理解してもらいたいとも思わない。ただ無力感がつのるばかりだ。過去の記憶を胸の奥深くにしまいこみ、だれにも告げず、悟られないよう、過去の記憶をきれいさっぱり葬り去ろう……。

「チャイナドレスの貴婦人」と呼ばれた宋美齢が、美しいチャイナドレスを切り刻んだのは、そうした揺れ動く胸の内をはからずも吐露してしまった出来事だったのではないかと、私は推測した。

一族が眠る終焉の地

宋美齢の最後の転居先は、マンハッタンのパーク街にある高級コンドミニアムだった。孔令侃が彼女のために以前買ったものだ。

ワンフロア・タイプで寝室が十室あり、使用人とガードマンの部屋もある。他人との面会を断り、趣味の水墨画も読書もしなくなった。長年身近で面倒を見てくれた孔令偉は、もういない。静止した時間の中で、彼女は一人自室で過ごし、たまに近所の美容室へ出かけるだけになった。

二〇〇三年、宋美齢は風邪がもとで肺炎になった。ベッドで休む日が数日続き、眠るように旅立った。享年百五。清朝末期から二十一世紀まで、世紀を跨《また》いだ歴史を懸命に駆け抜けた激動の人生であった。

＊

二〇二三年の春まだ浅い晴れた日の、ニューヨーク州ウェストチェスター郡ハーツデール市にあるファーンクリフ墓地——ここには中産階級の住む緑豊かな住宅地に囲まれて、

宋美齢らが眠るファーンクリフ墓地（著者撮影）

三つの霊廟と納骨堂、火葬場、礼拝堂が広い芝生の敷地に点在している。ニューヨークタイムズ紙が「贅沢な埋葬スペース」と評したほど高額で、平均的な納骨スペースでも三万ドル以上かかり、最高級のスペースになると、ブロンズ製の門扉とシャンデリア、窓にステンドグラスがはまり、五十万ドル近い価格になる。

米国でよく見られる墓地と違い、屋外に墓石は立てられず、遺骨はすべて霊廟の地下保管庫に安置されている。俳優、音楽家、外交官、弁護士など、米国の著名人が数多く安置され、マルコムXも眠っている。

宋美齢の墓石もない。宋靄齢と夫の孔祥熙、宋子文、宋子安など、宋一族のほとんどがここに眠っている。外交官の顧維鈞もいる。まるで中華民国時代のオールスターキャストだ。彼らは二十世紀の中国政治の檜舞台でスポットライトを浴びて燦然《さんぜん》と輝き、革命と戦争の時代を駆け抜けた。そして母国を失い、さまよい続けた末に、ようやく異郷の地で永遠の眠りについたのである。

宋美齢 略年譜（年齢は当該年の誕生日時点の満年齢）

一八九八年（〇歳） 三月 清国・上海で宋耀如・倪桂珍の三女として生まれる

一九〇七年（九歳） 九月 次姉・慶齢と共に米国に留学

一九〇九年（十一歳） 米ジョージア州ウェズリアン女学校に入学

一九一四年（十六歳） 米マサチューセッツ州ウェルズリー・カレッジ入学

一九一七年（十九歳） 夏 ウェルズリー・カレッジ卒業。上海に帰国

一九一八年（二十歳） 五月 父・宋耀如が死去

一九二七年（二十九歳） 四月 蔣介石が「四・一二クーデター」。南京国民政府樹立
十二月 蔣介石と結婚

一九三四年（三十六歳） 二月 新生活運動を開始。普及のために中国全土を行脚

一九三五年（三十七歳） 中国国民党航空委員会秘書長に就任。元米兵義勇軍「フライング・タイガース」結成

一九三六年（三十八歳） 十二月 西安事件で拉致された蔣介石を救出

一九三七年（三十九歳） 七月 北京郊外で盧溝橋事件発生
九月 南京から対米放送で英語演説。多数の海外メディアに登場
十二月 日本軍が南京市内へ進軍。南京事件、パナイ号事件起きる

一九四二年（四十四歳） 婦女指導委員会の活動で三姉妹が集まる（公の場で最後）
十一月 米ルーズベルト大統領の手紙を受け、病気治療のため渡米

一九四三年（四十五歳）	二月	米国議会上下両院で演説。その後、全米を行脚して帰国
	十一月	カイロ会談に同席。蔣介石の通訳を務める
一九四八年（五十歳）	十一月	訪米し米国政府と軍事援助の交渉をするも、成果得られず
一九四九年（五十一歳）	一月	国共内戦に敗れた中国国民党・蔣介石は台湾に撤退
	十月	中国共産党が中華人民共和国の樹立を宣言
一九五〇年（五十二歳）	一月	米トルーマン大統領の「台湾不干渉声明」を受け、米国のラジオ放送を通じて「別れの挨拶」を表明、台湾へ
	三月	蔣介石が中華民国総統に「復職」。台北・士林官邸に入る
一九五二年（五十四歳）	十月	病気療養のため渡米。以後しばしば米国で治療を受ける
一九七二年（七十四歳）	二月	米ニクソン大統領訪中、米中国交樹立
	九月	田中角栄首相訪中、日中国交正常化へ。台湾は国際的に孤立
一九七五年（七十七歳）	四月	蔣介石が死去。病気療養を理由に再び渡米
一九八六年（八十八歳）		蔣介石生誕百周年記念行事出席のため台湾に帰国
一九九一年（九十三歳）	九月	米国に移住。以後、ほぼ米国で過ごす
一九九四年（九十六歳）	十一月	姪の孔令偉が台北で死去。台湾で葬儀に参列
一九九五年（九十七歳）	七月	米国議会において第二次世界大戦終戦五十周年記念で戦勝国の首脳夫人として表敬を受ける
二〇〇三年（百五歳）	十月二十三日	米ニューヨークで死去

あとがき

宋美齢が亡くなって二十年以上が過ぎた。かつて台湾を統治した中華民国（国民政府）の蔣介石総統の夫人だと言っても、今ではもう知らない人も少なくないだろう。

中華民国は、第二次世界大戦に日本が敗戦したことで、米国、英国、ソ連、フランスとともに〝五大戦勝国〟に名を連ねた。だが、そのわずか四年後の一九四九年、蔣介石率いる国民党は、毛沢東・中国共産党との内戦に敗れ、台湾へ撤退した。そのときから、台湾と中国には「二つの中国政府」が並立して、狭い台湾海峡を挟んで敵対するようになった。

時代は移り変わり、今日の台湾では、蔣介石が独裁政治を断行した国民党に代わって、台湾出身者による民進党が政権を担い、民主化を進めて、自由と平和を希求する社会へと大きく舵を切った。

かたや中国は、二〇一〇年代に世界第二の経済大国に成長し、軍事力を増強して強権国家に変貌した。そして「台湾統一」を確信的利益だと主張して、虎視眈々《こしたんたん》と狙っている。中国による「台湾侵攻」を警戒するのは民進党政権だけではない。米国や日本も危惧している。もし台湾が侵攻されれば、いきおい日本やアジア全域も中国の勢力圏に取り込まれ、国際政治のパワーバランスが崩れて、強権体制が民主主義体制を圧倒する危険性をはらんでいるからだ。

なぜ、そうなってしまったのか——。本書を読めば、その原因の一端が見えてくるだろう。

二〇二四年一月、台湾では総統選挙が行われ、民進党の頼清徳《らいせいとく》候補が勝利して、蔡英文政権に次ぐ二期目の民進党政権が誕生した。台湾の人々が民主化を願う結果である。

その一方、二年前の二〇二二年十二月に行われた地方選挙では、国民党の候補で四十四歳になる蔣万安《しょうばんあん》が台北市長に当選した。彼が「蔣経国の孫」、つまり「蔣介石の曽孫」だという話題性から台湾メディアが沸き立ち、新たな「国共合作」の契機になるのではないかと注目を集めた。

だが、蒋万安を果たして本当に「蒋経国の孫」と認めてよいのか台湾では物議をかもしている。というのも、蒋万安の父親である蒋孝厳《しょうこうげん》は、蒋経国夫人（ロシア出身の蒋方良《しょうほうりょう》）の子供ではなく、蒋経国の秘書だった章亜若《しょうあじゃく》の子供だからだ。

実は蒋孝厳・蒋万安父子は、もともと母親の姓である「章」を名乗っており、二〇〇五年に「蒋」氏に改姓するにあたり、渡米してニューヨークに住む宋美齢に面会しようとしたものの、宋美齢が面会を断ったという経緯がある。なぜ宋美齢が二人に会わなかったのか、理由は定かではない。しかし、それまでの経緯を踏まえると、「蒋」氏改姓を認めなかったからだと解釈することもできそうだ。その意味では、彼女の存在が依然として国民党や蒋氏一族に大きな影を落としているのは明らかだろう。

終戦からまもなく八十年を迎える。現在の日米中三カ国の国際関係を見る上で、今あらためて蒋介石の国民党、そして宋美齢が果たした役割を検証することは、かならずや役立つものになるだろうと思っている。

本書の執筆に当たり、小学館新書・書籍編集室の関哲雄氏には、企画段階から資料の収集、取材の手配、膨大な編集作業にいたるまで、大変お世話になりました。ここに謹んで心から御礼申し上げます。長年の友人でもある関氏には、遅筆な私を再三にわたり叱咤激励していただきましたことに、感謝の意を表します。

本書を二〇二三年十二月に百二歳で亡くなった私の母に捧げます。

二〇二四年五月吉日

ニューヨークにて

譚　璐美

主要参考文献

日本語（書籍）

『わが愛する中華民国』蔣宋美齢著、長沼弘毅訳、時事通信社、一九七〇年
「宋美齢の対米放送―調乙二三号　昭和十二年十月二十五日」、『情報局関係極秘資料』、荻野富士夫編、不二出版、二〇〇三年九月
『宋家王朝』（上）、スターリン・シーグレーブ著、田畑光永訳、岩波現代文庫、二〇一〇年
『革命いまだ成らず』譚璐美著、新潮社、二〇一二年
『戦争前夜　魯迅、蔣介石の愛した日本』譚璐美著、新潮社、二〇一九年
『蔣介石秘録』（上）、サンケイ新聞社著、サンケイ出版、一九八五年
『蔣介石と新生活運動』段瑞聡著、慶應義塾大学出版会、二〇〇六年
『外務省人名年鑑』（壱）外務大臣官房人事課、一九三五年編
『内閣情報部情報宣伝研究資料』（第八巻）津金澤聰廣著、佐藤卓己編、柏書房、一九九四年
『情報局関係資料』（全七巻）、「近代日本メディア史資料集成　第2期」、有山輝雄、西山武典編、柏書房、二〇〇〇年
『情報局関係極秘資料』（全八巻）荻野富士夫編・解題、編集復刻版、不二出版、二〇〇三年

『思想戦展覧会記録図鑑』内閣情報部（非売品）、一九三八年
「宋美齢訪米外交成功の背後」土田哲夫著、『中国への多角的アプローチⅢ』斎藤道彦編著、中央大学出版部、二〇一四年
『現代世界の女性リーダーたち　世界を駆け抜けた11人』、石井貫太郎編著、ミネルヴァ書房、二〇〇八年
『中国四大家族』陳伯達著、大阪市大中国研究会訳、創元社、一九五三年
『日中戦争研究の現在　歴史と歴史認識問題』川島真、岩谷將編、東京大学出版会、二〇二二年

日本語（新聞・雑誌、論文、ウェブサイトなど）

『李登輝秘録』第六部「薄氷踏む新任総統」②「［実権渡さぬ］戻ってきた宋美齢」、産経新聞　二〇一九年十月二十六日付
「ワシントン会議と日本の広報外交」松村正義著、『外務省調査月報』二〇〇二年／No.1
「日米関係の改善に全力を尽くした斎藤博駐米大使」松村正義著、『外交』Vol.1 二〇一〇年
「第12章　アメリカの戦後台湾政策　形成期を中心に」高橋慶吉著、ＯＵＦＣブックレット第1巻、大阪大学中国文化フォーラム二〇一三年
「米中関係と宋美齢　日中戦争時期の対中支援要請活動をめぐって」石川照子著、『大妻比較文化』二〇〇一年

「日米平和の架け橋・駐米大使 斎藤博」「蒼柴の杜」(「越後の歴史・文化」)
「中国の後塵を拝する日本の国際宣伝力」川上和久著、『中央公論』二〇〇五年十月号
「カイロ会談と日本の対応」土田哲夫著、『法学新報』二〇一七年

中国語(書籍、雑誌、論文、ウェブサイトなど)

『宋美齢相関出版目録』台湾大学婦女研究室編、台湾大学
『蔣介石和宋美齢』簡潔、孟忻編著、吉林文史出版社、一九八九年
『宋慶齢年譜』尚明軒他編著、中国社会科学出版社、一九八六年
『宋美齢画伝』師永剛、林博文編著、北京・作家出版社、二〇〇三年
『宋美齢写真』辛慕軒他著、北京・档案出版社、一九八八年
『宋美齢伝』林家有、李吉奎著、北京・中華書局、二〇一八年
『陳潔如回憶録』陳潔如著、台北・伝記文學出版社、二〇一一年
『在宋美齢身辺的日子』張紫葛著、北京・団結出版社、二〇〇三年
『蔣中正先生年譜長編』(第二巻)、呂芳上主編、台北・国史舘・中正紀念堂・中正文教基金会、二〇一四年
『蔣委員長西安半月記』蔣中正著、南京・正中書局、一九三七年
『蔣夫人西安事変回憶録』蔣宋美齢著、南京・正中書局、一九三七年

『孔氏家族档案全掲秘』孔祥雲編、北京・華文出版社、二〇一一年
『中米協防＝Sino-American military corporation, 1950s'』VolumeⅢ、呉淑鳳他編、中華民国政府遷台初期重要史料彙輯、台北、国史館、二〇一四年
『中華民国重要史料初編』対日抗戦時期、第三編　戦時外交（一）～（三）、秦孝儀主編、民国重要史料初編編輯委員会編、中国国民党中央委員会党史委員会、一九八一年
『顧維鈞回憶録』顧維鈞著、北京・中華書局、一九八七年
『蔣経国日記掲密』黄清龍著、台北・時報文化出版、二〇二〇年
『蔣夫人宋美齢女士言論選集』台北・中正文教基金会ネット
『蔣夫人言論集』（上）、王亜権編、台北・中華婦女反共連合会、一九七七年
『宋美齢台湾生活私密録』王豊著、北京・作家出版社、二〇一三年
『宋美齢自述』袁偉、王麗平編、北京・団結出版社、二〇〇四年
『宋美齢回憶録』宋美齢著、北京・東方出版社、二〇一〇年
台北・士林官邸正館二一〇年特別展パンフレット

英語（図書、新聞、雑誌、録音、ウェブサイトなど）

JAPAN'S 'AMERICAN DIPLOMAT' IN ACTION; Hiroshi Saito, Trained in the Ways of This Country, Has Taken the Initiative m Clearing Up Many Old Issues JAPAN'S 'AMERICAN DIPLOMAT' Hiroshi Saito,

Trained in the Ways of This Country, Has Attacked Many Old Issues.The New York Times. March 4,1934
「Madame Chiang Kai-shek, a Power in Husband's China and Abroad, Dies at 105」 The New York Times Oct. 25, 2003
「World Is Asked To Save Chinese」 Joplin Globe Sep. 12, 1937
「Madame Chiang Kai-Shek, 1898-2003」『Times』 Oct. 24, 2003
「Madam. Jiang Kai-Shek and the war with Japan-September 11, 1937」 PAST DAILY : NEWS, HISTORY, MUSIC AND AN ENORMOUS SOUND ARCHIVE.（HTTPS : //PASTDAILY.COM/）
『China Hand Book 1937-1943』Macmillan, 1943
『The Soong Sisters』 by Emily Hahna, Open Road Media; Reprint, 2014
『China in peace and war』 by Madame Chiang Kai-Shek, Charlotte Haldane, Hurst & Blackett,1940
「An Ambassador's Naval Academy Pagoda」 John Hoppe, 『Naval History Magazine』 U.S. Naval Institute, 2021
「Madame Chiang Kai-Shek's US Visit」 The Museum of Chinese in America（MOCA）

譚 璐美［たん・ろみ］
作家。東京生まれ。本籍は中国広東省高明県。共産主義革命に身を投じ日本へ避難して早稲田大学で学んだ中国人の父と、日本人の母の間に生まれる。米国在住。慶應義塾大学文学部卒業。同大講師、同大訪問教授などを務めたのち、日中近現代史にまつわるノンフィクション作品を多数発表。主な著書に『柴玲の見た夢』『中国共産党を作った13人』『阿片の中国史』『江青に妬まれた女 ファーストレディ王光美の人生』『帝都東京を中国革命で歩く』『戦争前夜 魯迅、蒋介石の愛した日本』『中国「国恥地図」の謎を解く』など。

編集：関 哲雄

宋美齢秘録

「ドラゴン・レディ」蒋介石夫人の栄光と挫折

二〇二四年 六月五日 初版第一刷発行

著者 譚 璐美
発行人 三井直也
発行所 株式会社小学館
〒一〇一－八〇〇一 東京都千代田区一ツ橋二ノ三ノ一
電話 編集：〇三－三二三〇－五九五一
販売：〇三－五二八一－三五五五
印刷・製本 中央精版印刷株式会社
本文DTP ためのり企画
校正 西村亮一

Printed in Japan ISBN978-4-09-825463-7